John Rajchman

DELEUZE. UN MAPA

COLECCIÓN CLAVES
Dirigida por Hugo Vezzetti

John Rajchman

DELEUZE

UN MAPA

Pamela Gutiérrez Ch.

Ediciones Nueva Visión
Buenos Aires

John Rajchman
Deleuze. Un mapa - 1ª ed. - 1ª reimp. -Buenos Aires: Nueva
Visión, 2007
144 p.; 20x13 cm. (Claves. Perfiles)

Traducción de Elena Marengo

ISBN 978-950-602-473-4

1.Filosofía I. Título
CDD 190

Título del original en inglés:
The Deleuze Connections
© 2000 Massachusetts Institute of Technology

I.S.B.N. 978-950-602-473-4

© 2004 por Ediciones Nueva Visión SAIC. Tucumán 3748, (1189)
Buenos Aires, República Argentina. Queda hecho el depósito que
marca la ley 11.723. Impreso en la Argentina / Printed in Argentina

OBRAS DE DELEUZE

AO   *L'anti-oedipe* (Minuit, 1972), en colaboración con Félix Guattari

B   *Le Bergsonisme* (Presses universitaires de France, 1966). Hay traducción al castellano: *El bergsonismo*, Madrid, Cátedra, 1987.

C1   *Cinéma 1 –l'image-mouvement* (Minuit, 1983).

C2   *Cinéma 2 –l'image-temps* (Minuit, 1985).

CC   *Critique et clinique* (Minuit, 1993).

D   *Dialogues* (Flammarion, 1977), en colaboración con Claire Parnet (Cita traducción Columbia 1987).

DR   *Différence et répetition* (Presses Universitaires de France, 1969). Hay traducción al castellano: *Repetición y diferencia*, Barcelona, Anagrama, 1995.

E   *Empirisme et subjectivité* (Presses Universitaires de France, 1953).

FB   *Francis Bacon: logique de la sensation* (Différence, 1981)

F   *Foucault* (Minuit, 1986).

K   *Kafka: pour une littérature mineure* (Minuit, 1975), en colaboración con Félix Guattari.

LS   *Logique du sens* (Minuit, 1969). Hay traducción al castellano: *Lógica del sentido*, Barcelona, Paidós, 1994.

MP   *Mille Plateaux* (Minuit, 1980), en colaboración con Félix Guattari. Hay traducción al castellano: *Mil mesetas: capitalismo y esquizofrenia*, Valencia, Pretextos, 1997.

MPR *Marcel Proust et les signes* (Presses Universitaires de France, 1964,1970).

N   *Nietszche et la philosophie* (Presses Universitaires de France, 1962).

PI   *Pure Immanence: Essays on a Life* (Zone, 2001).

PK   *La philosophie de Kant* (Presses Universitaires de France, 1963).

PLI *Le pli: Leibniz et le baroque* (Minuit, 1988).

7

PP   *Pourparlers* (Minuit, 1990).
PSM *Présentation de Sacher-Masoch* (Minuit, 1967).
QP   *Qu'est-ce que la philosophie* (Minuit, 1991), en colaboración con Félix Guattari. Hay traducción al castellano: *¿Qué es la filosofía?*, Barcelona, Círculos de lectores, 1995.
SP   *Spinoza et le problème de l'expression* (Minuit, 1968).
SPP   *Spinoza –philosophie pratique* (Minuit, 1981).

I. CONEXIONES

El presente libro es un mapa de la filosofía de Deleuze, trazado desde una perspectiva particular. La pregunta que plantea es la siguiente: ¿se puede extraer de su obra un estilo de pensamiento, una manera de hacer filosofía que se pueda llevar adelante hoy en día en circunstancias políticas y artísticas muy distintas de las que dividieron la filosofía después de la Segunda Guerra Mundial, y a través de las cuales el propio Deleuze navegó?

Un mapa dije, pero no un programa, ni un plan, ni un proyecto. El libro está compuesto por múltiples conexiones de un tipo peculiar cuya intención es sugerir otras conexiones. Es que la filosofía de Deleuze se refiere a conexiones; en algún sentido *es* un arte de lo múltiple sostenido por "síntesis disyuntivas", por conjunciones lógicas anteriores a la predicación y la identificación, e irreductibles a ellas. Tal es de hecho su principio de selección y afirmación: *"Retener solamente [...] lo que incrementa el número de conexiones"*.[1] Este principio opera en el propio estilo de la escritura de Deleuze, con sus "series" o "mesetas", que desalientan cualquier plan unificado de organización o desarrollo a favor de un plano en el cual pasamos perpetuamente de un punto singular a otro que a su vez establece una conexión con algo más. Las conexiones que constituyen el mapa de este libro intentan respetar esa lógica y aproximarse así a la cuestión más vasta de cómo hacer filosofía, nuevas maneras de "conectar" la filosofía y de conectarse *con* la filosofía. En un libro anterior titulado *Constructions*, procuré crear una zona de nuevas conexiones entre la filosofía y la arquitectura, el arte y el

[1] MP, pág. 634.

9

urbanismo. Pero, ¿qué tipo de pensamiento se puso así en práctica? ¿De qué modo puede llevar ese pensamiento a la formulación de nuevos problemas, la invención de nuevos conceptos? ¿Y cuáles son sus implicaciones políticas y sociales? Este libro, este mapa, intenta indagar en esas cuestiones y ampliarlas.

Así, el presente libro es un mapa destinado a los que quieren retomar y asumir a Deleuze filosóficamente y también a los que practican lo que Deleuze denominó la "comprensión no filosófica de la filosofía". No es probable que aproveche a las mentes ya encasilladas, provistas de los mapas cada vez menos útiles del "posmodernismo", el "posestructuralismo" o de la antigua divisoria analítica europea. Es un pensamiento para mentes e identidades que no están cristalizadas todavía y tienen voluntad de embarcarse en esa especie de travesía en la cual uno deja de lado la brújula hermenéutica y el propio discurso, esa suerte de travesía para la cual Deleuze adoptó el lema de Proust: el verdadero soñador es quien se aventura afuera para verificar algo. En otras palabras, no se trata de un mapa en el cual uno pueda ubicar su propia posición o reconocerse en un plano determinado mediante coordenadas fijas. Apela a otro tipo de "orientación" filosófica. Intenta trabajar con zonas que no están totalmente determinadas ni habilitan localizaciones, en las cuales las cosas pueden tomar direcciones imprevistas u operar de manera desordenada, con un "sentido" de la lógica muy distinto del tradicional en la filosofía. Deleuze intenta mostrar que, contrariamente al sentido lógico tradicional, existen tales zonas de indeterminación que acompañan secretamente a la mayoría de las formas de organización, y que el pensar tiene una relación peculiar con ellas. Porque pensar es experimentar y no, en primer lugar, juzgar. La salida que encontró Deleuze a la gran figura filosófica kantiana del juez en el tribunal de la razón fue apartarse de la presunción de un "sentido común" lógico, moral y estético subyacente en la filosofía de Kant, presunción que el propio Kant sugirió cómo desarticular, tal vez, a último momento, cuando soñó con desistematizar las mismas facultades cuyos límites tanto se había empeñado en establecer. Así, un mapa de conexiones como algo distinto de la localización de puntos es un mapa para un "nosotros" que no está dado por una presunción del sentido común, para un pueblo que falta, que todavía no está allí, imposibilitado de hallar su lugar en la diferencia entre lo público y lo privado, y todo lo que viene desde "afuera". Es un mapa para los que quieren *hacer* algo con respecto a nuevas fuerzas insólitas que todavía no logramos aprehender del todo, para los que tienen algún gusto por lo desconocido, lo que aún no ha sido determinado por la historia ni la sociedad. Porque mediante tal experimentación conseguimos eludir tanto la nostalgia de una historia "de anticuarios" como el "progresismo" que sabe de antemano lo que ha de acontecer.

Varios son los principios de conexión.

• 1. Una conexión exige un estilo de pensamiento que podría denominarse "empirista" o "pragmatista". Sitúa a la experimentación antes que la ontología, el "Y" antes que el "Es". El principio de tal pragmatismo se expone en las primeras proposiciones de *Mil mesetas*, en las cuales Deleuze y Guattari declaran que la multiplicidad, más que una cuestión de lógica, es algo que uno debe construir o hacer, y que se debe aprender mediante el construir y el hacer: *le multiple, il faut le faire*.[2] Siempre tenemos que *hacer* las conexiones, puesto que no son algo dado de antemano. Tal es el principio de empirismo que Deleuze encuentra ya en las asociaciones de Hume, entendidas como "relaciones externas a sus términos", y en la manera en que finalmente llevan a una jurisprudencia de "convenciones", previa a la violencia de las "parcialidades" sociales. Así, Hume se adelanta a lo que habría de pasar después de Kant y la *impasse* en la búsqueda de "condiciones trascendentales de posibilidad". Se adelanta a quienes experimentan con los conceptos atravesando las fronteras o los marcos del sentido común y forjan relaciones y conexiones que son anteriores a él. Tal cruce experimental de fronteras supone no tanto la esperanza sino una suerte de crédito o confianza, una creencia-en-el-mundo. Conectar pues, es operar con otras posibilidades, no dadas de antemano, aunque el calificativo de utópicas no sea el que mejor les calza, a tal punto forma parte aún esta palabra del sueño de organización, de desarrollo o, en todo caso, de una suerte de mesianismo místico de una "no identidad", al cual se apela para interrumpir las continuidades. Deleuze intenta pensar de nuevo la entera lógica de la posibilidad y sus relaciones con la ficción y con la realidad y, al hacerlo, vuelve a descubrir en nosotros y en nuestro mundo un artificio en el cual termina-

<hr>

[2] MP, pág. 13.

mos por creer, que se acerca a Hume. No se trata tanto de ser optimistas o pesimistas sino de ser realistas acerca de las fuerzas nuevas que aún no abarcan nuestros proyectos y programas ni las maneras de pensar que los acompañan. En otras palabras, para hacer conexiones no es necesario el conocimiento ni la certeza, ni siquiera la ontología, sino la confianza en que algo saldrá de todo ello aunque uno no esté aún totalmente seguro de qué se trata. A la certeza cartesiana, Hume le opuso la probabilidad de la creencia, pero Deleuze lleva la cuestión de la creencia a la zona del "suceso azaroso improbable" que ninguna tirada de dados puede abolir.

• 2. Así, tenemos que *hacer* más y más conexiones. Pero este pragmatismo –este Y– no es un instrumentalismo y supone otro sentido maquínico. No está determinado por resultados dados ni se fundamenta en la pericia predictiva. Por el contrario, su lema es "no predecir, pero permanecer atentos a lo desconocido que llama a la puerta".[3] He aquí las máquinas que Kafka construyó: sin nostalgia, indican las "fuerzas diabólicas" de lo que ha de venir pues "en sentido estricto, la máquina está constituida por conexiones, todas las conexiones que guían el desmantelamiento".[4] Con mayor generalidad, en Deleuze cuando se habla de máquinas y de "filums" maquínicos (por ejemplo, los filums mecánicos e informáticos) se sigue este principio. Los instrumentos siempre forman parte de clases más amplias de "arreglos" o "ensamblamientos" que a su vez habilitan "conexiones maquínicas" de otro tipo, no instrumentalizadas e incluso improbables, a las cuales puede dedicarse entonces el pensamiento. El pensar se concibe a través de los usos que origina, las conexiones que inaugura. Por eso mismo requiere cierto realismo sobrio. A menudo se trata de hacer visibles problemas para los cuales no existe programa alguno, ningún plan, ningún "agenciamiento colectivo", problemas que reclaman, por consiguiente, grupos nuevos, no definidos aún, que deben inventarse a sí mismos durante el proceso con afectos y pasiones del pensar que son anteriores a la cognición común y sus códigos.

• 3. Hacer conexiones implica una lógica peculiar. Con

[3] "What is a *dispositif?*" en *Michel Foucault, Philosopher*, ed. Timothy Armstrong (Routledge, 1992), pág. 165.
[4] K, pág. 146.

12

frecuencia se ha supuesto que fuera de las identidades, divisiones y determinaciones establecidas –lógicas y sintácticas, así como pragmáticas–, sólo hay caos, anarquía, indiferenciación o "absurdo". Deleuze trata de poner en evidencia esta ilusión y de proponer una concepción que haga lugar a una capa de sentido anterior al código, aun el estructuralista, y a posiciones y relaciones subjetivas fijas. Su propia lógica de series convergentes y divergentes intenta trabajar con ese sentido. En su desarrollo, se encuentra con los grandes intentos de la filosofía contemporánea por ir más allá de la lógica trascendental de Husserl o la simbólica de Frege y hallar así un sentido menos rígido, más próximo a la vida misma: la "gramática" que Wittgenstein asociaba con las formas de la vida, o ese tipo de existencia encarnada, la "carne" que Merleau-Ponty postuló antes de las objetividades de la "actitud natural".[5] Así, Deleuze declara que la lógica de Frege es necesariamente reduccionista para el tipo de complicaciones y ramificaciones que exige el pensamiento, y que la noción de carne de Merleau-Ponty alberga todavía una extraña piedad, vinculada con el sueño de una experiencia originaria o Urdoxa. Sus "máquinas abstractas" están compuestas por muchas conexiones locales, cada una de las cuales tiene sus propias "reglas concretas", que no son globales; de modo que no son máquinas de Turing, indiferentes a los materiales, ni siquiera las que están provistas de funciones recursivas. Por otro lado, el "ser de sensación" que se deriva de las percepciones comunes y los afectos personales, o del espacio de representación y la reidentificación de los objetos, no lleva a una orientación intersubjetiva en el mundo sino a una zona loca de indeterminación y experimentación

[5] En Claude Imbert, *Pour une histoire de la logique* (PUF, 1999) el lector encontrará un panorama de otra historia de la lógica que incluiría este tipo de sentido, y que se entronca con un análisis anterior de la misma autora sobre Frege y Merleau-Ponty: *Phénoménonologies et langues formulaires* (PUF, 1992). Tanto los últimos trabajos de Wittgenstein como los de Merlau-Ponty versaban sobre el color: sobre la "gramática" multifacética con que hablamos de él y sobre el "sentido" no perspectivista que adquiriría con Cézanne. Sería útil una lectura de estos dos autores teniendo presente el enfoque de Deleuze sobre la lógica del color en *Lógica del sentido*, no ya como propiedad de la cosa, sino como un "infinitivo" espacializador. Usando las palabras de Claude Imbert, en esa obra se plantea cuál es el papel del color en un mundo perceptivo que, según Lewis Carroll, ha perdido su "piel euclidiana" (manuscrito sin publicar). Deleuze indaga la lógica del color en su estudio sobre Bacon y también en su exposición sobre Antonioni como "colorista" en el cine.

de la cual pueden surgir nuevas conexiones. En la lógica de Deleuze, el "esquematismo" que intenta unir la sensación y la cognición ha sido sustituido por una suerte de "diagrama" no codificado a través del cual se alcanza un plan, "no en el sentido de un diseño mental, un proyecto, un programa" sino "en el sentido geométrico: un corte, una intersección, un diagrama".[6] Deleuze quiere que este tipo de plan sea esencial para nuestro pensar. Así, comenzando por Platón, intenta poner en escena una reorientación dramática del propio *agon* de la filosofía y de la naturaleza de los amigos o *philoi* que a ella se dedican. La filosofía adquiere un adversario nuevo: su objetivo es combatir la "estupidez", ese triste estado en que nosotros y el mundo nos vemos sumidos porque ya no hacemos conexiones, no queremos o no podemos hacerlas. Es esta lucha o juego nuevo el que convoca a su alrededor a los "amigos del pensamiento".

• 4. La filosofía clásica estuvo orientada contra la superstición y el error, y no hay duda de que todavía semejante intención es necesaria en el pensamiento. Pero la filosofía querría enfrentar otros problemas, descubrir otras orientaciones. Deleuze cree que en el siglo XIX surgió un problema nuevo: una estupidez cuyo opuesto, habría de decir Foucault, no es una inteligencia cognitiva sino la peligrosa actividad del pensamiento mismo.[7] Flaubert introdujo este problema en la literatura: Bouvard y Pecuchet ponen de manifiesto la estupidez de la enciclopedia, cuya imagen aún acosaba a Hegel. En forma más general, Deleuze halla una suerte de movimiento paralelo en las obras de arte moderno: la empecinada lucha por liberar la sensación o la *aisthesis* de los clichés o de las meras "probabilidades" y descubrir el loco cambio de las singularidades. Pues, como lo expresa Deleuze en su análisis del cine de posguerra, no vivimos en una civilización de imágenes sino de clichés, en la cual la cuestión radica precisamente en obtener una imagen genuina.[8] Para liberarnos de la estupidez se

[6] SPP, pág. 122.
[7] Michel Foucault, "Theatrum Philosophicum" en *Dits e Ecrits* (Gallimard, 1994) págs. 94 y ss. Sobre el pensar como "acto peligroso", véase *The Order of Things* (Random House, 1970), pág. 328.
[8] C2, pág. 33. Deleuze elabora esta misma idea cuando aborda el problema de la fotografía en Francis Bacon, quien archivaba en su estudio gran cantidad de imágenes (LS, págs. 13 y 65 y ss. sobre el tema de la tela siempre recubierta por clichés). Tal vez, más en general, el hábito de coleccionar fotografías y otro tipo de imágenes que tienen los pintores

14

necesita cierta violencia, un choque, un "efecto-alienación" o, en su defecto, ese tipo de "crueldad" que Deleuze admiraba en el intento de Artaud de arrancar el cuerpo de una representación con órganos. En cada caso uno tiene que idear procedimientos nuevos para liberar el afecto de los sentimientos personales, el percepto de la percepción común, creando así dentro de nuestra lengua, para usar una frase que Deleuze toma de Proust, una lengua extranjera que hablará un pueblo aún inexistente. Cuando el problema de esa estupidez aparece en la filosofía, como sucede en Nietzsche y, de otra manera, en Foucault, nos encontramos con lo siguiente: el pensar es inseparable de una violencia que problematiza o conmueve la *doxa* y aporta algo nuevo para pensar; para concebirlo es necesaria la violencia o la "extrañeza" de lo que aún no puede decirse en el lenguaje "común" o dominante. Así la filosofía utiliza siempre las palabras de una manera inabarcable o no fijada por lo que antecede, y no se inicia con un "deseo de verdad" natural o concedido por Dios sino con una nueva orientación que surge de esa perturbación. En consecuencia, Deleuze se opone a la "ilusión de comunicación" que ya se hallaba en la intersubjetividad y la Urdoxa buscadas por Husserl, que apaciguaría la violencia del pensamiento y eliminaría el elemento de "estupidez" de una vez y para siempre.

5. En *Diferencia y repetición*, las estupideces que Deleuze analiza son a menudo las mecánicas e industriales, en contra de las cuales se alinean las laberínticas complicaciones del *nouveau roman* o los "simulacros" de las series de Warhol. Veinte años más tarde, sin embargo, en su estudio sobre el cine, el problema de tales "automatismos mecánicos" quedó reemplazado por la nueva potencia de las máquinas de información y los interrogantes que plantean, por ejemplo, cómo se "articulan" la información y la interacción para tener en cuenta el sentido común.[9] Surge así un nuevo enemigo del

---

pueda leerse en términos de la "estupidez" flaubertiana del archivo y de la "violencia" de los procedimientos para escapar de ella: la glosa que hace Deleuze del "otro criterio" de no verticalidad de Leo Steinberg como característica diferencial de una posible *Kunstwollen* en el nuevo régimen de las imágenes electrónicas (véase C2, pág. 349, nota 11) puede entenderse en este sentido.

[9] Véase C2, pág. 354, nota 21, en la cual se comenta el libro de Raymond Ruyer *La cybernétique et l'origine de l'information*, que vincula este

15

pensamiento, más insolente y seguro de sí que sus predecesores del siglo anterior: la *estupidez comunicacional*, a la cual corresponde una nueva forma de poder que Deleuze propuso llamar "control". "Estamos en los inicios de algo nuevo", escribió en 1990.[10] Es necesario hacer un diagnóstico más preciso de las nuevas fuerzas, las de la biotecnología y las digitales, y de los vastos procesos económicos y sociales de los que son inseparables; puede ser que entonces surja una nueva *Kunstwollen*, un nuevo "devenir-arte" que nos libre de nuestras estupideces comunicacionales, de nuestros "automatismos" informáticos.

Hoy en día, puede ser que la terminología de Deleuze, que habla de conexiones, rizomas y redes, suene como el vocabulario de las redes neuronales o las internets, pero hay que proceder con cautela porque él en realidad rechazaba el modelo de la mente como computadora. Quería tener en cuenta esas zonas marginales de sentido dadas por el afecto y el percepto que, aunque irreductibles a la "cognición", son sin embargo imprescindibles para el pensamiento. A partir de su estudio sobre el cine, desarrolla una visión original del cerebro, en la cual éste no funciona ya mediante un plan o un programa: un cerebro incierto y probabilístico que le fue sugerido por las investigaciones de la microbiología. En el cine de posguerra Deleuze ve un "cerebro vivido" que funciona mediante conexiones "irracionales" previas a los estados mentales y, más generalmente, siguiendo a Bergson, propone la sustitución del materialismo reduccionista de tales estados por un materialismo expresivo en el cual, más allá del cerebro "objetivizado", el arte y la filosofía pueden crear múltiples vías o sinapsis nuevas, no dadas de antemano: nuevas conexiones.

• 6. En términos sociales, las conexiones no son interacciones sociales entre sujetos ya constituidos; son a la vez "más pequeñas" y "más grandes" que los individuos, y suponen un tipo de socialidad que no se basa en los mecanismos del reconocimiento colectivo ni de la identificación. El principio fundamental de Deleuze es que la sociedad siempre está *en fuite* (tiene escapes, fugas) y se la puede comprender por la

---

problema con los procedimientos de "encuadre" y "desencuadre" en el cine. La cuestión del desencuadre (*décadrage*) parece exceder los mecanismos de retroalimentación y las funciones recursivas, cf. QP, págs. 177 y ss.

[10] PP, pág. 246.

16

manera en que maneja esas *fuites* (escapes, líneas de fuga). Sostiene que no hay determinación de nosotros mismos que no cree al propio tiempo zonas de indeterminación, indeterminación con respecto a nuestra individualización como personas, sexos, géneros, clases o estratos, e incluso como miembros de la especie humana. De esas zonas, entonces, pueden provenir las "conexiones" originales, las que tienen en cuenta los encuentros que, a partir de Gabriel Tarde, comenzó a explorar la microsociología.[11] Pero en este contexto, "micro" no significa "individual"; por el contrario, supone una "masa" no "individualizada" aún, y la cuestión que plantea no se refiere a individuos y contratos sino a las singularidades en el espacio y el tiempo en que pueden coexistir.[12] Así, la noción de minoría no coincide con la identidad étnica. Por el contrario, tiene que ver con ese "pueblo por venir" al cual Kafka apelaba cuando escribió a Max Brod que no podía escribir en alemán ni en checo ni en yiddish y que, sin embargo, no podía *dejar de* escribir. Deleuze no vacila en sacar una conclusión política que desarrolló en su exposición sobre el cine del tercer mundo y de las

[11] En *"Gabriel Tarde: le monde comme féerie"*, Isaac Joseph desarrolla la idea de Deleuze de que Tarde fue el inventor de la microsociología: en oposición al holismo y el historicismo de Durkheim, Tarde descubre otro tipo de espacio y de tiempo, propios de la creencia y el deseo (reimpresión y ampliación en *Oevres de Gabriel Tarde*, vol. 4, págs. 9 y ss, compilación de Eric Alliez, Empecheurs de penser en rond, 1999, que también contiene otros diversos ensayos inspirados en Deleuze. Como señala Joseph, Robert Park —discípulo de John Dewey y uno de los primeros en llevar a los Estados Unidos la obra de Tarde y de Simmel— halló afinidad entre su noción de imitación y el tema de la simpatía en Hume.

[12] El problema de semejante espacio y tiempo fue planteado ya en 1903 por Georg Simmel, cuando declaró que el *Geist* de la metrópolis "debe hallarse en el hecho de que la particularidad e inconmensurabilidad propia de toda persona es la vida concretamente expresada y dada". *Individuality and Social Form* (Chicago, 1971), pág. 335. Así, en el pensamiento de Simmel la metrópolis plantea una cuestión central y muy distinta de la individualidad y la igualdad propias de la teoría contractual clásica. Podría verse en ello una anticipación del problema de la "comunidad singular" elaborado más tarde por Jean-Luc Nancy, el cual, si bien no se fundamenta tampoco en el individualismo clásico, no implica aún una fusión o "comunidad orgánica". Es que Nancy ve este principio en operación incluso en una ciudad de explosión urbana sin control como Los Angeles, y declara que la cuestión de la ciudad es el *ethos* no heideggeriano de un "lugar donde ocurre lo que tiene lugar". *La ville au loin* (Mille et une nuits, 1999), pág. 45. Pero quizá Simmel se acerca más a Deleuze cuando, influido por Bergson, formula en cambio la cuestión de tal "transindividualidad" a través del principio de que "la trascendencia es inmanente a la vida" (pág. 362).

minorías: "ya no disponemos de una imagen del proletariado que bastaría para adquirir conciencia".[13] Por eso se pregunta cómo sería un análisis del capitalismo que, en lugar de fundamentarse en una simple dialéctica de clases ya constituidas, incorporara la cuestión de las minorías y las zonas de indeterminación indagando así en esos procesos más vastos que "desterritorializan" o "descodifican" nuestras relaciones recíprocas y con nosotros mismos. Intenta imaginar cómo sería un ethos, y la ética consiguiente, en el que la desterritorialización ocupara el primer lugar, comenzando por la concepción misma que tenemos de nosotros y del "otro".

• 7. Los conceptos que Deleuze encuentra en la historia de la filosofía para sustentar esa zona en que se pueden hacer conexiones son el de Sustancia en Spinoza y el de Vida en Nietzsche. En la década de 1960 desarrolló ingeniosas interpretaciones de estos dos filósofos para mostrarlo, vinculándolos así de una manera novedosa. En Spinoza encuentra un "plan de composición" previo a un "plan de organización o desarrollo" y en Nietzsche halla una Tierra aligerada o desterritorializada anterior a las identidades, que se da a través de una relación nómade con las fronteras y los bordes. En conjunto, brindan el principio de afirmación y selección que dice: "retener solamente lo que incrementa las conexiones". Porque afirmar no es declarar ni suponer sino aligerar, arrancar de los cimientos, liberar el aire fresco de otras posibilidades, combatir la estupidez y los clichés. Desde sus comienzos, Deleuze fue un filósofo de la afirmación y no de la negación, alejado de la melancolía y la ausencia, de las ironías tristes y fatigadas, próximo al humor y a la vida. Junto con Guattari desarrolló una concepción del deseo mismo no vinculado ya con el sacrificio y la privación sino activo como una gran máquina de conexiones. Contra el melancólico modelo de la página en blanco y la tela vacía, propuso una página y una tela cubiertas siempre por demasiados clichés, demasiadas probabilidades, que es necesario borrar para hallar algo vital, algo nuevo. En consecuencia, intentó reformular el problema de la novedad y la originalidad no ya como transgresión o "interrupción" mística sino como un gran arte de la conexión y la experimentación. A Edipo y su destino trágico, opuso la figura de Hamlet y el complejo "tiempo de la ciudad", que puede

[13] PP, pág. 234.

18

dislocarse; más que Antígona y la Ley, lo atraía Ariadna, figura de ligereza y afirmación. Porque conectar es afirmar, y afirmar es conectar.

II. EXPERIMENTACIÓN

– 1 –

En su primer libro, Deleuze escribió sobre Hume. Publicado en 1953, cuando su autor contaba veintiséis años, era un intento de volver a pensar el empirismo. Para Deleuze, el secreto del empirismo era algo propio de la filosofía misma y no simplemente de sus maneras de ver el conocimiento y la ciencia: un secreto que surgía de la filosofía de Hume. Con Hume, el empirismo descubre una potencia nueva, incluso una lógica nueva, irreductible a la definición escolar de que todo proviene de la experiencia o de que no existen ideas innatas o a priori.[14] Hay una nueva imagen de la relación entre pensamiento y experiencia; cobran nuevo sentido las ilusiones contra las cuales se dirige la filosofía y la naturaleza del drama de los que filosofan. Al develar este secreto y

[14] ES, págs. 120 y ss. El empirismo de Deleuze rompe con la *tabula rasa* e intenta "complejizar" la concepción de las ideas innatas: de hecho, Deleuze encuentra un vínculo entre el empirismo y la idea neoplatónica de una *complicatio* anterior a todo lo que participa de las Formas, que puede verse, por ejemplo, en Whitehead (cf. QP, p. 101: "[...] el carácter tan griego de la filosofía inglesa, su neoplatonismo empírico"). Así, en el empirismo de Deleuze, no escribimos sobre una pizarra vacía: siempre "comenzamos por la mitad" de una suerte de inacabada tela laxa hecha de retazos, capaz de cambiar de forma ella misma por el aditamento de nuevos elementos, nuevas conexiones. Cf. D, págs. 54 y ss. Por consiguiente, el "problema de la subjetividad" se plantea de una manera nueva: se transforma en una cuestión de artificio e invención para la cual no hay forma preexistente ni "naturaleza" original (ES, págs. 90-92: "¿cómo puede estar constituido en lo dado un sujeto que vaya más allá de lo dado?"). Más precisamente, ese problema se transforma en otro: el de la relación de tal artificio o invención con la creencia.

21

reformular el problema del empirismo, Deleuze no contemplaba ese prematuro estudio sobre Hume como un mero trabajo de historia de la filosofía sino como una obra filosófica. Poco a poco, se apropiaría también del problema y de la orientación que allí había expuesto.

Para el joven Deleuze, entonces, el viraje emprendido por Hume desde el mundo de la certeza cartesiana a otro mundo de creencias probables era parte de un cambio mucho más vasto en la imagen misma de lo que es hacer filosofía y del tipo de relaciones que ese hacer supone con otras actividades, algo que a su vez habría de tener una larga historia. Uno de los grandes adversarios en esa historia era Kant quien, en respuesta a Hume, convirtió a la filosofía en un tribunal que se ocupaba de las condiciones de posibilidad de los juicios verdaderos. En su lugar, Deleuze habría de proponer una filosofía de experimentación. Desde los ensayos que escribió en la década de 1950 sobre la concepción de la diferencia en Bergson, Deleuze buscó un "empirismo superior" que pudiera sobrevivir a Kant y asumir formas nuevas en el pensamiento poskantiano. El problema radicaba en superar una dificultad fundamental que Kant había formulado en la filosofía: que las condiciones trascendentales del pensamiento o la determinación del "yo pienso" se acomodaban de hecho al modelo de los dominios "empíricos" que supuestamente debían fundamentar. La solución para esa "dicotomía empírico-trascendental" consistió en inventar un experimentalismo que, en lugar de preguntarse por las condiciones de la experiencia posible, buscara las condiciones de emergencia de lo nuevo, lo no pensado aún. Bergson habría de incorporar la concepción de tal "diferencia" en la formación del sujeto y el objeto, y halló en las palabras de William James un empirismo "no de las cosas hechas sino de las cosas en gestación".[15] Entonces, la filosofía cesaría de ser la corrección del error y se transformaría en aquello que en la experiencia, o en la vida, es anterior a los sujetos y los objetos. El "problema de la subjetividad" que halla Deleuze en aquel estudio de juventud sobre Hume es que el yo no es algo dado sino algo formado por

---

[15] William James, *A Pluralist Universe* (Nebraska, 1996), pág. 263. Esta conferencia sobre Henri Bergson apuntaba a la vez contra las "totalidades" de los hegelianos británicos y los "átomos" lógicos que se les oponían. El empirismo radical implica otra lógica "pluralista" que no se fundamenta en totalidades ni en átomos: lo que Bergson denominaba "multiplicidades cualitativas".

el hábito a partir de un mundo indeterminado, un extraño tipo de "ficción" difícil de disipar puesto que es, precisamente, la ficción de nosotros mismos y nuestro mundo.[16] Este "artificio", la determinación del yo, habría de profundizarse en Kant, en quien la determinación en la formación del "yo pienso" habría de encontrar una relación original con el tiempo, que más tarde Bergson y James intentarían liberar de la idea de extensión y de "universo monolítico". Se llega así a la posibilidad de construcciones en la experiencia anteriores a los sujetos y los objetos, lo que Deleuze habría de llamar después un "plano de inmanencia". Sartre se aproximaría a lo mismo hablando de la "trascendencia del ego" y Foucault lo volvería a descubrir en su intento de resolver lo impersonal y anónimo del discurso, anterior a la especificación de sujetos y referentes, como condición de los "acontecimientos" del pensamiento. En cada caso, Deleuze vería un "empirismo" superior, previo a cualquier subjetividad o intersubjetividad trascendental, una suerte de experimentalismo filosófico que supondría una "pura inmanencia", sin elementos primeros ni trascendentales, que no sería inmanente *a* nada anterior, subjetivo u objetivo.[17]

De este modo, el secreto del empirismo se transformaría en un secreto de la filosofía toda: una visión singular de qué significa hacer filosofía y de cómo hacerla. En ningún lenguaje existe algo semejante. Es algo que no se acomoda fácilmente a nuestra manera habitual de hacer filosofía ni a nuestras trilladas casillas pero, no obstante, en la geografía y el clima tan diferentes de hoy en día, podría aún atraer nuevas conexiones, algo distintas de las que ofrecía la filosofía francesa de posguerra de la cual surgió, y procurar así nuevos usos, nuevas posibilidades, una vida nueva.

– 2 –

Estamos habituados a circunscribir el empirismo al "análisis" de la lógica de Russell oponiéndole el historicismo o la metafísica de Europa continental, atribuyendo quizás al

---

[16] Véase "Hume" en PI.

[17] "Immanence: a life" en PI. Cf. el ejemplo III de QP, en el cual Deleuze declara (pág 49): "Cuando la inmanencia ya no es inmanente a ninguna otra cosa que no sea ella misma, podemos hablar de un plano de inmanencia que es, tal vez, un empirismo radical [...]".

holismo de Quine una función correctora de su "protocolo" en la filosofía vienesa. Pero Deleuze adopta a Hume con otro rumbo y halla asociaciones no sólo con temas y problemas de la historia de la filosofía sino también con temas de Lewis Carroll, Alfred Hitchcock y Herman Melville. Ve también al empirismo en el estoicismo y en su propio sentido de superficies lisas desprovistas de altura y profundidad, prevé una espacialidad que luego encontrará en las pinturas de Francis Bacon. Con su característico sentido del humor, dirá que sólo los ingleses y los estoicos han comprendido realmente el acontecimiento. Pero, al mismo tiempo, su empirismo lo diferencia de sus contemporáneos franceses. Foucault habría de decir[18] que el empirismo fue el medio que encontró Deleuze para salir de la fenomenología, pero también formó parte de la "pragmática" que habría de oponer a los "postulados de la lingüística" según Chomsky o según el estructuralismo de Saussure.[19] Deleuze intentó liberar a la filosofía de sus contemporáneos franceses de la tentación de reinstalar la trascendencia, en particular en su peculiar forma de misticismo de lo Invisible y lo Ausente, o de lo Irrepresentable y su supuesta Ley, oponiéndole un experimentalismo de lo que Foucault había denominado el "afuera" remitiéndose a Blanchot. "Demasiada beatería, aún demasiada beatería", repetía Deleuze acerca de esa trascendencia de la Ley o de la "carne del mundo": había en ella todavía demasiado de la figura del sacerdote de la cual Nietzsche había intentado liberar a la filosofía, demasiado del acomodamiento "político-teológico" del que había logrado salir Spinoza, y muy poco aún de la "conversión empirista" que podía hallarse en el pragmatismo norteamericano, el cual reemplaza la salvación por la experimentación.[20]

Parecería entonces que hay afinidades entre la obra de

[18] "Structuralism and Post-Structuralism", en *Michel Foucault, Essential Works*, Vol. 2 (The New Press, 1998), pág. 438. Contra Husserl, Deleuze se aproximó no obstante a la idea "decisiva" de Sartre de la "trascendencia del ego". Véase LS, pág. 120.

[19] MP, págs. 95 y ss. Deleuze jamás se consideró estructuralista. En 1967, respondiendo a la pregunta "¿Qué es el estructuralismo?", vislumbra una suerte de tensión en el seno del estructuralismo; así, la idea de Hume de que las relaciones son externas a sus términos dará lugar a su propia lógica de diferencias libres y singularidades repetibles. (*La philosophie*, tomo 4, ed. François Châtelet, Hachette, 1972)

[20] En CC, págs. 110 y ss. se encontrará este enfoque del pragmatismo como filosofía de la "gestación" de nosotros mismos y de nuestro mundo en contraposición a la filantropía

Deleuze y el "empirismo" de Feyerabend, con su proliferación en la ciencia de programas no unificados e inconmensurables. En relación con Foucault, Deleuze habló de un pluralismo que radica en el modo en que la razón siempre está "bifurcándose", encontrando estilos y problemas nuevos.[21] Pero, cuando explica a sus lectores angloparlantes que "siempre sentí que soy un empirista, es decir un pluralista", hace referencia, más bien, a la crítica de Whitehead a las abstracciones y el carácter "especioso de lo concreto".[22] Las afinidades de Deleuze se acercan más explícitamente al "empirismo radical" de James e intentan llevar la cuestión de la creencia más allá de la "garantía" de la posibilidad asertiva o de los acuerdos. En eso difiere de Richard Rorty, quien en realidad se inició abandonando su entusiasmo juvenil por Whitehead a favor de una suerte de "conversación" cultural en evolución.[23] En los *Dia-*

[21] Véase "What is a dispositif?" en *Michel Foucault, Philosopher* (Routledge, 1992). Deleuze opone ese pluralismo a la triple división que hace Habermas de la razón en "intereses cuasi trascendentales" y declara que Foucault había sido víctima de un malentendido del cual no era responsable. El "pluralismo" de Deleuze podría vincularse así con la tesis de John Dupré de que la falta de unidad de las ciencias supone un desorden de las cosas (*The Disorder of Things*, Harvard, 1993). El "desorden" de Dupré sería algo similar al "caos" en el sentido filosófico más que en el científico, tema que Deleuze desarrolla en QP. Se podría entonces hacer una lectura de Raymond Ruyer, filósofo de las ciencias francés citado con frecuencia por Deleuze, como si ofreciera un cuadro de un "universo desordenado" y de su relación con los "marcos de información" introducidos por diversos estilos de razonamiento.

[22] D, págs. VI-VII. Deleuze dice que el "empirismo está vinculado fundamentalmente con una lógica, una lógica de multiplicidades (de la cual las relaciones son sólo un aspecto)", opinión que podría tomarse como principio de su propio empirismo. Los principios de Whitehead de que "lo abstracto no explica sino que debe ser explicado; y el objetivo no es volver a descubrir lo eterno o lo universal sino hallar las condiciones en las que se produce algo nuevo (creatividad)", entonces, expresaban el papel distinto que desempeñaba la idea de "crítica" en el experimentalismo de Deleuze. Por ejemplo, Deleuze ve un tipo de "empirismo" o "experimentalismo" en el intento crítico de Foucault por volver a situar "abstracciones" que damos por sentadas en nuestro proceder —como la anatomía patológica o la personalidad anormal— en las multiplicidades de las cuales provienen, complejizando nuestra historia y destacando el acontecimiento: en palabras de Deleuze, abriéndola a una suerte de experimentación. Cf. los propios comentarios de Foucault acerca de "destacar el acontecimiento en la historia " (*Dits et écrits*, IV, págs. 23 y ss.).

[23] Rorty perdió su entusiasmo juvenil por Whitehead cuando adoptó el "giro lingüístico" y se dedicó a sustituir toda "filosofía natural" por "historia cultural". Siguiendo esa línea, intentó más tarde liberar a Dewey de supuestos naturalistas en su concepto de la experiencia. Pero la "historia

25

logues on Natural Religion de Hume,* Deleuze encuentra ya un estilo de diálogo o conversación que no está dado tanto por el acuerdo como por un humor que nos lleva más allá de los acuerdos y la solidaridad del proceder lingüístico en el que quedó enlodado el propio pragmatismo o empirismo de Rorty.[24]

El empirismo trata de relaciones, el tipo de relaciones que Hume tuvo en cuenta para constituir la "naturaleza humana". Pero no es necesario que esas relaciones se fundamenten en el acuerdo ni en el sentido común. Russell mostró que las relaciones son "externas a los términos", pero hay que llevar esa idea más allá de la lógica predicativa que todavía era la herramienta de Russell para alcanzar ese elemento del "sentido" que precisamente es anterior a los acuerdos y las proposiciones. Una de las originalidades de Deleuze consistió en liberar al empirismo de las suposiciones de algún "sentido común" y decir que la coherencia de los conceptos en filosofía debe su existencia a los problemas que introduce un "afuera" que aparece antes de que las cosas se "acomoden" en acuerdos, y que persiste en ellas. Lleva el experimentalismo en el pensamiento a una zona anterior a la constitución de un "nosotros" estable e intersubjetivo, y centra la cuestión no ya en el reconocimiento de nosotros mismos o de las cosas de nuestro mundo sino en un encuentro con lo que todavía no podemos "determinar": aquello sobre lo cual no podemos acordar aún ni sabemos describir porque carecemos de las

---

cultural" de Rorty es a menudo chirle y de segunda mano, y lo lleva a una situación en la que se enorgullece de no poder ya distinguir entre ciencia y literatura, derivación harto extraña para el empirismo. Dewey objetaba la "epistemología del espectador" pero, ¿qué habría pensado de la "teoría de la conversación" a la que se ve arrastrado Rorty? En el libro de David Lapoujade, *William James: Empirisme et pragmatisme* (PUF, 1997), puede hallarse una exposición del "empirismo" en James y en el pragmatismo mucho más cercana a las concepciones de Deleuze que ofrece, además, una comparación explícita con las nociones de Rorty.

* Hay traducción al castellano: *Diálogos sobre la religión natural*, Alianza Editorial, 1999. (N. del T.)

[24] En el capítulo sobre Hume de PI, Deleuze dice que los *Diálogos sobre la religión natural* son "quizás el único caso de diálogo real en la filosofía" puesto que "no hay dos personajes sino tres, y no tienen roles unívocos sino que forman alianzas, las rompen y luego se reconcilian [...]". Así, antes que la idea de conversación de Rorty prefiere la idea de Simmel de una suerte de sociabilidad anterior a cualquier contenido o acuerdo (QP, pág. 84). De Sócrates dice que en realidad impedía siempre el "debate" introduciendo cosas que "no eran debatibles" en la conversación corriente precisamente porque tenían que ver con problemas filosóficos (QP, págs. 32-33).

palabras para hacerlo. Así, debemos resistir el intento kantiano de transformar las "relaciones" de Hume en condiciones trascendentales del "yo pienso": deberíamos verlas, más bien, en términos "pragmáticos" o "mundanos", como ya ocurre con la noción de convención en Hume. Sólo entonces advertimos que la gran fuerza en la formulación que hizo Hume del "problema de la subjetividad" reside en su visión de las pasiones y del artificio en su expresión, que nos permite ir más allá de nuestra identidad social y ver la sociedad como experimento y no como contrato. En suma, el problema de la "experiencia" o de la "experimentación" en la filosofía consiste así en forjar relaciones que no están dadas de antemano en construcciones cuyos elementos encajan como piezas de un rompecabezas, sino que se parecen más a piedras dispares reunidas transitoriamente en un muro que no está ligado aún por ninguna argamasa.[25]

– 3 –

El empirismo de Deleuze se muestra entonces en el estilo de construcción de su filosofía y en la manera en que expone los conceptos o presenta las ideas. "Jamás rompí con una suerte de empirismo que se empeña en una exposición directa de los conceptos", declara: quizá eso haya hecho de él el más "naïf", el más "inocente" entre los contemporáneos que se ocupaban de temas similares, el que menos tenía una mala conciencia respecto de hacer filosofía.[26] Deleuze creía que la preocupación cargada de dramatismo sobre el "fin de la filosofía" no era más que un "parloteo tedioso".[27] Frente a temas tan melancó-

[25] CC, pág. 110: "no un rompecabezas cuyas piezas al encajarse reconstituirían un todo sino, más bien, un muro formado por piedras sin argamasa, en el cual cada elemento cuenta sólo por sí mismo aunque está en relación con los otros [...]".

[26] PP, pág. 122. Deleuze creía que Foucault tenía en mente esta "ingenuidad empirista" cuando escribió "Pero llegará un día, quizá, en que el siglo será deleuziano".

[27] QP, pág. 14. Deleuze desestima permanentemente el tema hegeliano y luego heideggeriano del fin de la filosofía. En D12, por ejemplo, dice que la verdadera "cuestión Heidegger" para la filosofía francesa de posguerra no fue tanto su evidente apoyo al nazismo sino la inyección de temas melancólicos, como el "fin de la metafísica", en las mentes de toda una generación. El empirismo de Deleuze formó parte de su camino para salir del punto muerto de Heidegger. Así, por ejemplo, recurre a Victor Goldschmidt en procura de una perspectiva estoica muy distinta de la de

27

licos, intentaba ejercer la filosofía como *art brut*, una suerte de "arte forastero" con "materias primas propias que le permiten establecer relaciones externas [...] con otras disciplinas".[28] Veía a la filosofía como una suerte de historia detectivesca en la cual los conceptos son personajes que intervienen para resolver problemas locales, y que cambian a su vez, a medida que surgen cuestiones nuevas y se desarrollan dramas también nuevos.

Podemos imaginar entonces que la filosofía de Deleuze está construida de esta manera: hay distintos "elementos" conceptuales [*conceptual bits*], cada uno de los cuales se introdujo inicialmente en relación con un problema determinado y luego se reintroduce en nuevos contextos, visto desde nuevas perspectivas. La coherencia entre los diversos elementos se desplaza de una obra a la siguiente a medida que se agregan conceptos nuevos y se intenta encarar problemas recién planteados: no está dada por la "coherencia lógica" entre las proposiciones sino por las "series" o "mesetas" que forman las piezas en la maraña de sus interrelaciones. Hay nuevos "encuentros" con problemas que surgen en las artes y las ciencias, o con sucesos que "problematizan" la manera de hacer política o de cohesionar la sociedad, encuentros que suscitan cuestiones nuevas que reclaman volver a pensar o volver a inventar. Así, los elementos no funcionan en conjunto como partes de un organismo bien formado, de un mecanismo que tiene un fin o de una narración canónica: el todo no es algo dado y las cosas siempre están comenzando de nuevo por la mitad, disponiéndose de otra manera más laxa. Cuando uno pasa de una zona o "meseta" a otra y vuelve a la primera, no tiene la sensación de un itinerario programado, por el contrario, se ve arrastrado en una suerte de travesía conceptual para la cual no hay mapa alguno, un viaje en el cual hay que dejar atrás el discurso habitual, con una incertidumbre permanente acerca del lugar al cual se va a arribar.

Entre los conceptos, problemas y dramas que constituyen los diversos "elementos" de esta construcción, algunos provienen de una mirada novedosa sobre la obra de filósofos anteriores, que retoma desde un nuevo ángulo los problemas que plantearon. Porque ya en su estudio de juventud sobre Hume, Deleuze pensaba que se puede hacer filosofía "a lomo

---

Heidegger y mucho más próxima a su propio empirismo (cf. LS, págs. 167 y ss.).

[28] PP, pág. 122.

de" los predecesores, iluminando con una luz nueva los problemas y los conceptos fundamentales. En su propio caso, esto es lo que ocurriría con el concepto y el problema de la diferencia que halló en Bergson, o a través del cual intentó volver a pensar el bersognismo. Y es cierto también con respecto al mismo "problema del empirismo". Tomado por Hume de las definiciones escolares, ese problema ingresaría a la obra de otros filósofos: de una manera en Bergson, de otra en Sartre, y de un tercer modo en Foucault. Así, Deleuze encuentra un "empirismo" en Nietzsche y un "experimentalismo" en Spinoza, que a su vez descubren una estirpe subterránea común con Lucrecio. Y así surge un problema nuevo, una nueva "historia detectivesca": cómo "creer en el mundo".

Pero este pasar incesante de un elemento a otro, este deambular nómade, es en sí mismo un tipo de "empirismo". Es una manera de dejar la compartimentación del conocimiento sin recurrir por ello a una unidad orgánica (la nostalgia romántica por su pérdida), algo que está en discordia con la idea de la universidad como internalización de una República superior, como ocurría en la tradición del profesor público que hace su recorrido de Kant a Habermas pasando por Hegel. En el empirismo de Deleuze, la filosofía comienza siempre en un encuentro con algo que está afuera de la Academia y del reconocimiento mutuo del yo transcendental que ésta encarna o custodia en calidad de juez y guardián. Deleuze pensaba que Sartre desempeñó ese papel para su generación, apuntando a algo que estaba fuera de las "probabilidades de la Sorbona". Pero fue Nietzsche, al romper con Wagner y abandonar su cátedra de Basilea, quien formuló la distinción pertinente cuando opuso el "profesor público" al "pensador privado". Y el propio Nietzsche se transforma a la vez en empirista y nómade al modo de Zaratustra, el vagamundos, cuando declara: "Por muchos caminos diferentes y de múltiples modos llegué yo a mi verdad; no por una *única* escala ascendí hasta la altura desde la cual mis ojos recorren el mundo". Análogamente, Spinoza rechazó una cátedra pública y prefirió trabajar en un círculo de amigos y discípulos, conforme a una noción de la naturaleza o la función de la filosofía que podría oponerse a la de Hobbes, profesor público.[29] Incluso la apelación a una interminable comunidad de

[29] Podrá hallarse una comparación minuciosa de Spinoza y Hobbes con respecto al tema del pensador privado y el profesor público en Etienne

indagadores munidos de espíritu experimental presentada al Club Metafísico por el solitario y destemplado Peirce podría leerse según este protocolo, y no como una confianza anticipada en los acuerdos de los idóneos en ciencias sociales. En síntesis, el empirismo de Deleuze está contra las Escuelas y sus métodos, al punto que él mismo no perteneció a ninguna ni la fundó. Quería liberar la "pedagogía del concepto" de la imagen enciclopédica que hostigaba a Hegel y aproximarla a la "pedagogía de la imagen" de Godard, y luego quiso defenderla contra el nuevo entrenamiento informático-comunicacional del pensamiento y la imagen que, según temía, iba reemplazando al antiguo ideal enciclopédico. Contra las Escuelas y las vanguardias, el empirismo de Deleuze reclama no obstante un rigor o una lógica de nuevo cuño, aun cuando sea el de un método que ordena con antelación e implica algún tipo de selección. No es que le venga bien cualquier cosa.

– 4 –

El aditamento múltiple a través del encuentro, el rigor no metódico respecto de las intuiciones de problemas y conceptos se revela a su vez en la manera que la filosofía de Deleuze crece y adquiere coherencia propia. Ese crecimiento no es lineal; no tiene los rasgos del "desarrollo" (con fases iniciales, intermedias y tardías) ni avanza mediante crisis sucesivas del tipo de las que Deleuze halló en Foucault (donde "la lógica de la labor" residía en las crisis que sobrellevaba);[30] no hay tampoco un punto de inflexión espectacular, como en Wittgenstein o en Heidegger, que abandonaron un estilo de filosofía para adoptar otro; ni siquiera existe esa especie de viaje a la inocencia que Deleuze encontraba en las frases de Nietzsche.[31] A medida que crece, su filosofía no se hace más "madura", sino más compleja y múltiple en sus implicaciones y su alcance, así como en sus relaciones internas. Avanza mediante una variación permanente de conceptos y problemas, volviendo sin cesar a un punto anterior para reinsertarlo en una nueva secuencia; se propaga como un rizoma en

Balibar, "L'institution de la vérité: Hobbes et Spinoza", en *Lieux et noms de la verité* (París, Aube, 1994), págs. 21-54.

[30] PP, pág. 129; cf. págs. 142 y ss.

[31] En el capítulo sobre Nietzsche de PI, Deleuze describe el pasaje de camello a león y luego a niño, figura de inocencia.

lugar de echar ramas a partir de las raíces o construir sobre un cimiento.

Con todo, hay intensos períodos de invención. Uno es el inmediatamente posterior al estudio sobre Hume, cuando Deleuze se ocupaba de preparar alumnos para el examen nacional de filosofía en la Francia de De Gaulle. En los primeros ensayos sobre Bergson que datan de este período, se puede encontrar mucho de lo que luego se desplegaría en la década de 1960 en la notable serie de libros que Deleuze publicó sobre Nietzsche, Proust, Spinoza y Bergson. Las diversas vías de este primer momento de invención se reúnen luego en dos grandes obras de lógica: *Diferencia y repetición* y *Lógica del sentido*. Los sucesos de 1968 señalan un segundo momento de intensa invención, cuando Deleuze comienza a dictar clase en el "experimental" departamento de Filosofía de la Universidad de París en Vincennes. De esa época son la colaboración con Foucault en el *Groupe d'information sur les prisons* (G.I.P.) y la publicación de *L'Intolérable*, así como los comienzos de su seminario en Vincennes, en el cual se abandona la clásica "progresividad del conocimiento" y se abren las puertas a un público cada vez más "diverso", integrado también por personas que no se dedican a la filosofía pero se sienten atraídas por la obra de Deleuze. De esa época, sobre todo, data el experimento de "autoría múltiple" y de "filosofía pop" con Félix Guattari, que terminó con la publicación en 1980 de *Mil mesetas*, libro que el propio Deleuze habría de considerar como el mejor y más pleno de inventiva de todos los que escribió. Así, el empirismo filosófico de Deleuze unió sus fuerzas con esa especie de "gaya ciencia" que los sucesos de 1968 parecieron desencadenar, del mismo modo que el nuevo empirismo de Feyerabend y Kuhn –opuesto a la "imagen de la ciencia" heredada del positivismo lógico– habría de acompañar una liberación de fuerzas similares en Estados Unidos. Deleuze es mejor conocido por esta etapa de su obra, que jamás desconoció, como hicieron en Francia los que se inclinaron por el "posmodernismo".

Es que, en realidad, el momento en que se publicó *Mil mesetas* ya no era el más propicio, y la recepción que tuvo decepcionó a su autor. En la década de 1980 hay un tercer momento de despliegue de la filosofía de Deleuze. El empirismo en este caso se halla en la identificación de un nuevo problema que en diversas ocasiones Deleuze habría de presentar como el problema de nuestros días: el de la creencia en el mundo. Su pleno desarrollo aparece en el estudio de Deleuze sobre el cine de posguerra, que estableció un nuevo tipo de relación entre el ver, el tiempo y la acción, comenzando por los intentos de "mostrar lo intolerable" que encuentra en el neorrealismo. El problema ya había surgido en *Diferencia y repetición*, donde Deleuze comenta la frase de Hamlet "el tiempo está dislocado" y dice que sería aplicable a Kant.[32] Allí, Deleuze sostiene que los que mejor formularon el papel de la creencia en la "síntesis del tiempo" vinculado con futuros ignotos, o con lo que aún está por venir, fueron filósofos religiosos como Kierkegaard, Pascal y Péguy. Porque en relación con sus respectivas religiones, ellos sustituyeron la cuestión de la creencia en Dios por la cuestión del modo de existencia del creyente, señalando el rumbo para otro tipo de conversión: una creencia o crédito apostado a este mundo más que a otro, trascendente. Deleuze piensa entonces que después de Hitler y la guerra, las "imágenes-tiempo" del cine ofrecían ese tipo de "conversión empirista". El problema que elaboraron a la par que la filosofía de posguerra era una crisis total del "movimiento", por ejemplo, del "montaje dialéctico" y el movimiento de masas hacia la conciencia en los cuales Eisenstein todavía confiaba. La totalidad de la relación entre pensamiento y acción o agenciamiento debía cambiar; había que pensar de nuevo el problema de "representar a las masas", en relación con el espacio y el tiempo de las minorías, conforme a un nuevo pragmatismo, un nuevo empirismo vinculado con el mundo o con la creencia en el mundo. Pero al formular este problema en su estudio sobre el cine, Deleuze identificó a un nuevo adversario, el de la información o la comunicación. En un breve ensayo posterior esbozó la "mutación del capitalismo" que acompaña a este adversario, la cual plantea problemas distintos de los que Foucault había diagnosticado en su análisis de las disciplinas.[33] Se trata de un rasgo de "control" de esas sociedades que, una vez más, nos arrebata el mundo, de modo que necesitamos otra "conversión empirista" para recobrar la confianza en el mundo y la relación de la filosofía con él. En un último momento de invención, Deleuze se consagra a imaginar qué es la filosofía y, por ende, lo que podría ser, para hacer frente a ese nuevo adversario, ese problema nuevo.

[32] DR, pág. 118 y ss; también en los escritos sobre Kierkegaard y Péguy, págs. 126 y ss.
[33] "Sociedades de control " en PP, págs. 240 y ss.

Deleuze era un filósofo especialmente generoso, a quien atraía el tema de la "virtud que da" en Nietzsche, al punto que a veces es difícil separar su propia originalidad de la de aquellos sobre quienes escribía o con quienes colaboraba. No era dado a las polémicas, y prefería en cambio llevar las cosas en la dirección que le interesaba, incluso en el caso de Kant. En *Lógica del sentido*, escribe acerca de ese peculiar tipo de generosidad que consiste en dar lo que sólo se puede "robar": sugiere así una noción de la *philia* o amistad muy distinta del "dar lo que uno no tiene", con el que Lacan había definido el amor. De hecho, filósofos y legos por igual "robaron" muchas ideas de Deleuze sin que él perdiera por eso una notable ecuanimidad a su respecto. Es que era un filósofo insólitamente ajeno al clima de envidia, paranoia y "afán de influencia" (o complejo de Edipo) que rodea la invención y la "posesión" de ideas. Siempre estaba alerta para hallar lo novedoso y lo singular en los otros, y trataba de alentar el "uso" de su filosofía en lugar de su "interpretación". Se podría decir incluso que semejante generosidad correspondía a un *ethos* o "modo de existencia" particular al hacer filosofía, cosa que encaja en un empirismo que intenta ir más allá del juicio para alcanzar la invención y la afirmación que lo preceden: ese punto en el cual la experimentación en filosofía se vuelve inseparable del vitalismo.

Aprender y enseñar filosofía, entonces, es alcanzar esa experiencia, comprometerse con esa experimentación para la cual no hay método ni doctrina ni Escuela, sólo una suerte de "amistad". Incluso en la tradición, Deleuze se veía arrastrado hacia los inadaptados y disidentes, como el desventurado Peirce, el demente Nietzsche, el jubiloso Spinoza o el superficial Lucrecio, difíciles de digerir todos en las historias oficiales de la filosofía. Para él, no había en la filosofía ningún Partido, ninguna Iglesia, ninguna Vanguardia. No era marxista ni antimarxista ni posmarxista; intentaba retomar los problemas de Marx en un contexto modificado, preguntándose qué significaría –más allá de las reivindicaciones de un partido– "representar a las masas", analizar el capitalismo en términos de la "inmanencia" de otras posibilidades de vida y de nuestra capacidad para experimentar con ellas. Al final, descubrió que había aún un exceso de trascendencia, un exceso de misticismo o "alegoría" en la aplicación del término "utópicas" a tales posibilidades. Prefería el vocablo inventado por Samuel Butler, "erewhon", anagrama a la vez de "nowhere" (ningún lugar) y de "now here" (aquí y ahora), que encierra el secreto de un tipo de empirismo que recupera el carácter "inglés" de la noción de convención original de Hume.[34]

Porque lo que Deleuze admiraba en Hume es que, junto con Spinoza, abandonó los supuestos de la teoría contractual clásica de la sociedad, señalando el rumbo para una noción de la sociedad como experimentación, conforme a la formulación de un nuevo problema: el de la violencia inherente a la identidad o la identificación como tales. En eso radicaba la importancia del problema planteado por Hume sobre nuestras "parcialidades" con respecto a la familia, el clan o la nación, problema más difícil de abordar que el de un ordenamiento racional o equitativo de los intereses, y que Hume intentó resolver por medio de un "artificio" en la constitución de nuestras pasiones (o por medio de una especie de "urbanidad"). En Spinoza el problema adoptaría, en cambio, y más allá de cualquier "teología política", la forma de una inmanencia de otros poderes en la constitución de nosotros mismos como esencias singulares, o se expresaría en términos del triunfo en la ciudad de las pasiones alegres sobre las tristes. Porque Spinoza pensaba que el odio y la violencia más refractarios son precisamente los que provienen de la devoción y se perpetúan en su nombre. Por ende, es en tales pasiones y procesos más que en los intereses y su organización, que el peculiar empirismo o experimentalismo de Deleuze halla su supuesto y su objetivo. No apela a nosotros como sujetos que pueden reconocerse mutuamente, como los que podríamos imaginar emergiendo de la naturaleza para constituir la sociedad; apela a nosotros como una "multitud" aún indefinida o incipiente, anterior a la "constitución" de la sociedad, singular, informe, desprovista de mitos, modelos "mayoritarios" e historias, algo por inventar aún. En ese apelar al "pueblo por venir", a la creencia "en el futuro, del futuro" —lo desconocido que llama a la puerta–, la filosofía

---

[34] Sobre erewhon como el "secreto del empirismo", veáse DR, págs. 3-4. Sobre la idea de convención en relación con las reglas, como cuestión de institución más que de contrato, véase ES, págs. 55 y ss., y QP, pág. 101. Sugiero que, en efecto, Deleuze quiere sustituir la antigua relación utopía-alegoría en el pensamiento crítico por otra diagnóstico-experimental que implica un tipo diferente de mapa. Véase al respecto lo que escribí en "A New Pragmatism?", Anyhow (MIT Press, 1998).

encontraría el elemento de su experiencia. Y es en el impulso que arrastra a ese punto que el empirismo de Deleuze se transforma en el secreto de una filosofía.

III. PENSAMIENTO

– 1–

Deleuze pensaba que las filosofías son creaciones singulares: cada filósofo crea *una* filosofía suficientemente indefinida para que puedan existir otras. Así, la idea de filosofía no es algo fijo; no hay un método único ni una única manera de hacer filosofía. En cambio, cada filosofía inventa un *agon* característico, con sus propias *dramatis personae*, en cada una de las cuales encontramos lo que Deleuze llama una "imagen de pensamiento", aunque ésta no sea siempre evidente. Al formar su imagen –desplazándose a veces dramáticamente de una a otra– cada filósofo vuelve a formular lo que significa pensar o, para usar palabras de Foucault, comienza a "pensar de otra manera". Pero la idea de que lo que cuenta en las filosofías son las "imágenes de pensamiento" es, desde luego, un supuesto de la filosofía de Deleuze, lo que él extrae de la tradición, un concepto que él inventa en su propia búsqueda de caminos nuevos, nuevos estilos de hacer filosofía. Esta idea se puede hallar ya en sus primeros escritos, pero adquiere un nombre en una parte del estudio sobre Proust, en la cual el autor reelabora de manera original las imágenes de Platón. Más tarde, ocupa el capítulo fundamental de su libro *Diferencia y repetición*, y es elaborada después aun más cuando Deleuze plantea esa sorprendente comparación entre un rizoma que se propaga y un árbol que se ramifica a partir de sus raíces. Por fin, en *¿Qué es la filosofía?* analiza por qué la creación de conceptos en filosofía supone siempre una imagen de pensamiento.

Pero, ¿qué es una "imagen de pensamiento"? No es una figura o representación de algo; tampoco una *Weltanschauung*: tiene una relación más compleja y "extemporánea" con su tiempo. No se la puede deducir simplemente del contexto o de los conceptos de una filosofía; es, en cambio, un pre-supuesto tácito de la creación de conceptos y de su relación con lo que todavía está por venir. No hay método para llegar a ella y nunca es algo totalmente explícito; antes bien, surge en una filosofía simultáneamente con la creación de conceptos como socia recóndita e inexplicada. Exige un peculiar arte de ver que no debe confundirse con la "transparencia" de las Formas o las ideas ni con el "esclarecimiento" de proposiciones y tesis. Incluso, para Deleuze, la "claridad excepcional" de Hume no tiene que ver con ideas sino con relaciones, y apunta así a lo que está por venir.[35] Parte de "intuiciones" sobre los problemas más que de proposiciones, y por eso tiene más afinidad con lo que Wittgenstein tenía en mente cuando prefería exponer "figuras" en lugar de proponer argumentos o rebatirlos, o cuando exigía: "No penséis, ¡mirad!". Porque los problemas de la filosofía son de tal índole que es posible "verlos" desde el ángulo de otras filosofías nuevas, de modo que, como ocurre en Wittgenstein, se puede mostrar una salida para ellos. El arte de ver o mostrar los problemas de la filosofía va de la mano de la construcción de imágenes de pensamiento. No obstante, en la filosofía han existido también ilusiones acerca de tales imágenes y de la relación que los conceptos tienen con ellas. De supuesto tácito, se convertía a la imagen en algo que puede deducirse de los conceptos. Se hizo de ella una cuestión de ver las "entidades primeras" de las cuales todo derivaría, una cuestión de ver las Formas, arribar a ideas claras y distintas, o de exponer contextos interpretativos o relaciones con épocas. En su conjunto, tales ilusiones corresponden a lo que Deleuze llama en *Diferencia y repetición* la "imagen dogmática de pensamiento", y uno de los objetivos fundamentales de su filosofía es disipar tales ilusiones, poner de manifiesto su dogmatismo.

Desde bastante temprano, Deleuze insistió en que los conceptos filosóficos se crean o se "fabrican": no los encontramos en algún lugar celeste preexistente. También dijo que esa fabricación responde a problemas que, lejos de resolverse de una vez y para siempre, se replantean, se reformulan permanentemente o se "disuelven" en nuevas perspectivas, de modo que puede decirse que los problemas persisten siempre en las soluciones que reciben. Hay que diferenciar entonces la creación de conceptos nuevos en respuesta a tales

---

[35] Véase el capítulo sobre Hume en PI.

problemas de la contemplación de entidades primeras, de la reflexión sobre ideas primeras o del establecimiento de roles intersubjetivos para la discusión racional: la creación tiene otras metas y hace que las suposiciones sean refractarias a las imágenes "ilusorias". Con todo, las ilusiones que en la filosofía han circunscrito la creación de conceptos a las primeras entidades, los métodos dados o las reglas intersubjetivas no son meras proposiciones falsas, y disiparlas no implica sólo corregir un error: de lo contrario, "erigir" una imagen consistiría, al fin y al cabo, en hallar un método para corregir errores proposicionales. En cambio, Deleuze compara la ilusiones con "espejismos del pensamiento" o con una "densa niebla" que hay que disipar para proseguir, en una situación dada, la actividad de crear conceptos y de "ver" problemas. Para combatirlas, inventa un proceder original que denomina "noología", estudio de las imágenes de pensamiento. Por ejemplo, como hemos visto, Deleuze piensa que Hume transforma la imagen de la filosofía como combate contra los errores en la exposición de "ilusiones" que son producto de las "relaciones" constitutivas del pensamiento o de la naturaleza humana. Retomando esa idea, Kant habría de identificar un nuevo tipo de ilusión, la "ilusión trascendental", que surge cuando se traspasan los límites legítimos del pensamiento. Pero las dificultades de la "dicotomía empírico-trascendental" muestran una ilusión inherente a esta misma visión o a la propia imagen de la filosofía como juez o guardián de los límites de la razón. La solución se encuentra entonces en una nueva imagen, en la cual el pensamiento se ocupa de la experimentación con lo que todavía no está dado dentro de ninguno de esos límites o con lo que proviene de afuera de ellos. Al volvernos hacia esta imagen, llegamos a lo que Deleuze considera la fuente o matriz de las ilusiones previas. En *Diferencia y repetición*, Deleuze se ocupó sobre todo de las ilusiones de "representación": la noción de que existe, en sentido lato, un vínculo "mimético" entre las entidades primeras (o las ideas claras) y sus instanciaciones (de objetos) sería la fuente del "error" cuya "fábula" Nietzsche había relatado famosamente o, también, de lo que James había ridiculizado como la "teoría de la verdad como copia". A esta ilusión de representación, Deleuze añadiría una ilusión del "discurso" (confundir los problemas –y el hecho de verlos– con proposiciones y tesis), una ilusión de "lo eterno" (olvidar que los conceptos no se encuentran ahí, sino que se crean o producen) y de "lo universal" (pensar que las entidades primeras o las ideas claras explican las cosas, cuando son precisamente ellas las que reclaman explicación a medida que surgen nuevas perspectivas). En *¿Qué es la filosofía?* propone ver a todas estas ilusiones como variantes de una gran ilusión de "trascendencia" que se genera cuando uno reintroduce las entidades o ideas primeras en un "plano de inmanencia" supuesto por una filosofía, haciendo de ello una inmanencia *a* algo anterior, subjetivo u objetivo.[36] La filosofía se torna verdaderamente experimental o alcanza un "empirismo radical" sólo cuando disipa la ilusión de trascendencia en todas sus variantes, sólo cuando se libera de la "imagen dogmática de pensamiento".

En cuanto estudio de las "imágenes de pensamiento", la noología resulta ser un arte bastante sutil. No procura elaborar de una vez y para siempre *el* "plano de inmanencia" para toda la filosofía. En cambio —en cada filosofía— intenta no sólo identificar una imagen peculiar de pensamiento sino también disipar las nieblas de trascendencia que la rodean y restaurar el momento de originalidad de sus "creaciones". Así por ejemplo, ve que Platón de hecho *crea* el concepto de "las Formas" en lugar de encontrarlo en un reino más elevado o recordarlo de una existencia previa (como querría hacernos creer la ilusión de la "contemplación"). Esa creación singular a su vez supone una imagen de pensamiento en la cual los amigos o *philoi* se reúnen para un nuevo tipo de contienda o *agon* en la ciudad, en torno a un problema original: cómo derivar todo de modelos puros o "imitar" originales previos inmutables o intactos. La prioridad de este problema o este *agon* sobre las "ilusiones de la contemplación" que segrega puede elaborarse entonces de diversas maneras. Se pone de manifiesto en una suerte de sucesión de aporías que recorre los Diálogos y que concierne a la cuestión del *pseudos* en el *Teeteto*, de la *philia* en el *Fedro* y el *Simposio*, y de la *chora* en el *Timeo*.[37] Siguiendo esa línea, comenzamos a discernir un problema nuevo que será desarrollado o "visto" por otros: el de los "simulacros", a los cuales no se puede hacer participar de las Formas puras ni de los esquemas hilomórficos que suponen. Encontramos así los virajes de los átomos de Lucrecio y, en Plotino, el problema de lo "im-participable" o lo "in-

[36] QP, págs. 50-51.
[37] CC, págs. 170-171.

40

imitable", planteado ya en relación con una "complicación" de las cosas (que se anticipa a Proust y a Leibniz), de lo cual surgen nuevas imágenes e ilusiones de pensamiento. Al disipar tales ilusiones, la noología intenta en cada caso mostrar que lo que pretende ser una universalidad de contemplación, reflexión o comunicación sólo es producto, de hecho, de una imagen de pensamiento que prospera en torno a un problema determinado y corresponde a un *agon* determinado. Llegamos así a un problema original de la propia filosofía de Deleuze, que él formula en *Diferencia y repetición* del siguiente modo: ¿qué querría decir entonces *comenzar* la filosofía de manera "no dogmática" o con una imagen que no segrega ilusiones de trascendencia? ¿Qué querría decir pensar sin ninguna "Urdoxa", y sin necesidad de ella?[38]

En la respuesta de Deleuze, hay una cuestión de prioridades, de lo que uno pone en primer lugar. Deleuze piensa que *antes* de intentar encontrar un método o buscar la verdad, una filosofía ya está "orientada" (para usar el término de Kant), aunque no determinada lógicamente, por una imagen que le proporciona suposiciones pragmáticas o contribuye a determinar sus modos de abordaje. Por esa razón, en realidad, una filosofía elabora siempre la intuición de sus problemas a través de un drama característico o mediante la invención de "*personae* conceptuales". Por ejemplo, Descartes tuvo una intuición de lo que en la nueva física no encajaba en la escolástica y, para elaborarlo, inventó un nuevo drama de la filosofía, adaptado en parte de la forma de meditación que habían desarrollado los jesuitas. En el *agon* de Descartes, surge una nueva *persona* conceptual: un idiota que antes que el latín, prefiere una lengua racional como el francés, que todos pueden entender. Deleuze opina que esto es una figura original (si bien Nicolás de Cusa fue su precursor) porque, apartándose de la definición escolástica del hombre como animal racional, sirve para dramatizar algo que no es docto, no forma parte de la instrucción filosófica, algo que cualquiera puede descubrir mediante una "luz natural" utilizando el "método" correcto.[39] Pero esta nueva *persona* y su *lumière* ponen de manifiesto al propio tiempo el supuesto tácito en el intento de Descartes de hacer del *cogito* o del "yo pienso" el punto de partida inicial despojado de pre-supuestos de la filosofía, a saber, la suposición de un "sentido común" que,

[38] DR, págs. 169 y ss., con un interrogante al final de las páginas 216-218.
[39] QP, Ejemplo IV, págs. 60-61.

41

según Descartes, era la cosa más equitativamente distribuida en el mundo. A su vez, una nueva *persona* iba a surgir para poder prescindir del postulado noológico del sentido común, un nuevo personaje que se acercaría en cambio a esa figura que la literatura rusa también llamó Idiota o pensador no instruido. Comenzamos a ver en la filosofía un Idiota ruso más que cartesiano quien, alejado del saber, ya no necesita suponer que está descubriendo lo que la luz natural puede hacer ver a cualquiera y comienza a buscar algo conceptualmente extraño incluso en una "lengua natural" como el francés. Uno de los ejemplos que Deleuze da al respecto es el de Nietzsche, que soñaba escribir en polaco o hacer que el alemán de la filosofía "danzara". Con esos Idiotas, los presupuestos pragmáticos de la filosofía se desplazan para revelar nuevas relaciones entre lo "privado" y lo "público". Un ejemplo (que Deleuze no menciona) puede ser el de Wittgenstein, siempre incómodo con su cátedra pública y con el nacimiento de una nueva "escolástica" analítica, quien dijo: "El filósofo no es ciudadano de ninguna comunidad de pensamiento. Precisamente eso es lo que lo convierte en filósofo".[40] En realidad, en ambas frases Wittgenstein se revela muy preocupado por lo que Deleuze llama la "imagen del pensamiento", como si el Idiota ruso se hubiera hartado de los interminables "falsos problemas" que genera el lenguaje aunque siga soñando con un "lenguaje corriente" en el cual

---

[40] Citado en Ray Monk, *Ludwig Wittgenstein: The Duty of Genius* (Penguin, 1990). Para los millares de "investigaciones" en los cuales se sumerge la *persona* conceptual de la segunda filosofía de Wittgenstein, bien podría adoptarse el lema shakesperiano que él mismo eligió para sus *Remarks on Psychology*: "Os muestro las diferencias". Podríamos hablar así de un "Idiota de las diferencias", *persona* que expresaría una imagen de pensamiento que reorienta la filosofía en torno a problemas nuevos (en qué consiste atenerse a una regla), a la creación de nuevos conceptos ("gramática", "forma de vida") y rivales nuevos (el logicismo, el conductismo). Y es precisamente esta *persona* la que luego se muestra a través de un estilo de vida idiosincrásico o a través de "características existenciales" peculiares recogidas hoy en diversas anécdotas. En otras palabras, los interminables "comentarios" e "investigaciones" con los cuales Wittgenstein multiplica sin piedad el lenguaje para "mostrar diferencias" comprenderían no sólo una *paideia* conceptual original que se lleva adelante en una tierra y una lengua extranjeras sino también una suerte de "terapia" que llegaría a ser prácticamente vital para él en el sentido literal de esta palabra ("mi filosofía se divide en dos partes: la que está escrita y la que no lo está"). La excelente biografía de Monk es muy recomendable precisamente porque ve la vida del filósofo en términos de esta invención de una *"persona* original" en lugar de elegir el camino inverso.

pudieran disolverse, o que pudiera purificarse y quedar libre de ellos. En *Diferencia y repetición*, Deleuze dice, en efecto, que la única manera de "comenzar sin pre-supuestos" en filosofía es convertirse en una especie de Idiota ruso que se despoja de las presunciones del sentido común, arroja su "brújula hermenéutica" e intenta transformar su "idiotez" en las "idiosincrasias" de un pensar "de otra manera".

Porque los Idiotas rusos no sólo muestran que el pensamiento filosófico no es docto, sino también que es libre en sus creaciones, no ya cuando todos están de acuerdo y acatan las reglas del juego sino, por el contrario, cuando ni las reglas ni los jugadores se conocen de antemano y van surgiendo de los conceptos nuevos que se crean y de los problemas nuevos que se plantean. En otras palabras, esos Idiotas representan dramáticamente lo que se "supone pragmáticamente" en un una filosofía que ya no pretende ser una inferencia a partir de formas anteriores y métodos fijos, y se contenta en cambio con elaborar sus peculiares problemas, provenientes de la intuición al principio, creando conceptos que luego se entrelazan con otros de maneras diversas y complejas, de modo que todo podría reflejarse parafraseando un adagio de Leibniz que Deleuze solía citar: creemos llegar a puerto, tan sólo para hallar que estamos en alta mar.

– 2 –

El objetivo de la "noología" de Deleuze, entonces, era señalar el rumbo hacia maneras nuevas y "no dogmáticas" de hacer filosofía. Podemos distinguir tres vías fundamentales para alcanzar esta meta:

• 1. En primer lugar, en Deleuze la noología ocupa el lugar de la historia de la filosofía, no sólo en su versión escolar, sino también en las más "filosóficas" que encontramos en Hegel y Heidegger: la historia del Espíritu o del Ser. Así, la "imagen de pensamiento" de Deleuze no debe confundirse con una "precomprensión del Ser", ni con una *Gestalt* o "esfera" del Espíritu. Al debatir el historicismo que Hegel y Heidegger trataron de incorporar en la imagen de pensamiento, Deleuze declara que no hay una gran trama en la sucesión de filosofías, no hay allí una "narrativa intrínseca".[41] Ocurre, en

---

[41] QP, págs. 90-91.

43

cambio, algo similar a lo que sucede en el cine, una cuestión de yuxtaposición de muchas capas distintas en el montaje porque, a diferencia del tiempo de la narrativa –antes que en la narrativa–, el de las filosofías es una especie de "tiempo estratigráfico". Así, la filosofía no se divide de hecho en épocas: describe círculos, ya dialécticos, ya hermenéuticos, y no nos confronta como Destino de Occidente ni como Historia Universal. Tampoco es una larga argumentación en la cual un lado triunfa sobre el otro con los mejores argumentos, ni una prolongada "conversación" que transforma las ideas nuevas en acuerdos, de modo que lo que ahora es novedoso o singular después se convierte en lo aceptado. Más bien, en un sentido, lo que es nuevo en filosofía sigue siéndolo y, de hecho, a la "paideia" le corresponde precisamente estudiar a los filósofos del pasado para mostrar lo que aún hay de novedoso en ellos. Así, de los estudios de Deleuze cada filósofo surge como una suerte de "contemporáneo", y entretanto se ponen de manifiesto nuevas conexiones entre los estratos o a través de ellos (Spinoza va de la mano de Nietzsche y de Lucrecio). Porque el instante contemporáneo que vincula los estudios de Deleuze es "extemporáneo" y, por así decirlo, en él los estratos establecidos comienzan a desplazarse, formando líneas de fractura y posibilidades nuevas a través de las cuales mutan las *personae* conceptuales más antiguas para reaparecer con nuevo atuendo, como sucede en lo que Foucault denominó el "teatro filosófico" de Deleuze.[42]

Buscando otro tipo de imagen, en su noología, Deleuze intentó liberar a la filosofía y al "tiempo" del filosofar de toda idea de épocas y de toda imagen portentosa como la autorrealización del Espíritu o el "Destino" de Occidente, así como de otras más complacientes como la de la larga conversación que termina en acuerdo. Sentía que a estas horas no *podemos* contarnos las grandes historias que relataron primero Hegel y luego Heidegger, y que tampoco podemos incorporarlas al acto de pensar como algo intrínseco, que "nuestro" problema residía en otra parte, en un proceso en el cual "Europa" misma se iba convirtiendo en otra cosa y, al hacerlo, ponía de manifiesto relaciones nuevas con otros lugares: con los Estados Unidos y Rusia durante el siglo XIX, y con muchas otras formas de pensamiento "no occidental", como el que Levinas

---

[42] "Theatrum Philosophicum", en Michel Foucault, *Essential Works*, vol. 2, The New Press, 1998, págs. 343 y ss.

indagó en el judaísmo.[43] En efecto, se podría decir que la intuición de Deleuze fue que ahora podíamos ver la filosofía como algo que no está –ni estuvo– ligado intrínsecamente a ninguna "patria", ninguna "tierra", ninguna "civilización". Por consiguiente, podríamos volver a pensar su geografía y sus fronteras en términos de un extraño potencial que surge permanentemente en distintas épocas y lugares, producto de circunstancias y contingencias diversas. Por eso en su "geofilosofía", Deleuze dice que la filosofía *podría* haber comenzado con alguien que no fuera Platón en un lugar que no fuera Atenas, ciudad que atraía a los extranjeros itinerantes a su ágora para encontrarse con Sócrates.[44] Tales condiciones –que hicieron posible la *doxa*, la *philia* y el sentido de "inmanencia" necesarios para la invención de la filosofía– volverían a presentarse en conjunto en Europa con el auge del capitalismo moderno, en el cual la imagen de la *philia*, por ejemplo, habría de surgir del tema de la "hermandad" cristiana. Las filosofías inventadas en tales circunstancias o condiciones, por consiguiente, no son propiedad de nadie ni de ningún lugar, no porque la filosofía apele a alguna República de Espíritus eterna o adventicia (del tipo que aparece en las diversas "ilusiones" de la filosofía) sino por algo más fundamental: porque siempre hay que erigirla o instituirla (*instaurer*) de nuevo, sin pre-supuestos acerca del "nosotros" que así

---

[43] Con respecto a los Estados Unidos y Rusia, véase "Bartleby" (CC, págs. 113-224) y QP, págs. 94-95. Deleuze presenta allí el pragmatismo norteamericano y el socialismo soviético como dos intentos decepcionados y decepcionantes de resucitar el "sueño griego" y reconstituir una "dignidad democrática". En el capitalismo moderno la idea de una "sociedad de hermanos" habría de ocupar el lugar de la "comunidad de amigos" de los griegos. Así, Deleuze ve al socialismo de estilo soviético y al pragmatismo como si ambos proporcionaran –cada uno a su manera– un tipo distinto de "reterritorialización" para los hombres sin atributos de la ciudad moderna, como el "proletariado" sin tierra con sus sueños de revolución: por decirlo de alguna manera, dos lugares de retorno para Ulises (exiliados del mundo de los trabajadores, ¡uníos!). Hoy, después de la guerra, el fascismo y los desplazamientos generados por el capitalismo globalizado, nuestro problema consiste en que ninguna forma de "hermandad" o "solidaridad" es totalmente creíble y necesitamos inventar nuevas figuras del "amigo" (y también, por consiguiente, del "enemigo"). Al tropezar con las "culturas no occidentales", en su intento de plantear cuestiones filosóficas "liberadas de los estereotipos hegelianos y heideggerianos", Deleuze menciona a Levinas con respecto al pensamiento judío, pero también a una serie de autores que escriben dentro de la tradición islámica, hindú, china y japonesa. QP, pág. 88, nota 5.

[44] QP, págs. 83-84.

45

se crea, los "públicos" que se suscitan ni el nuevo medio en el cual puede recomenzar otra vez desde un ángulo nuevo. Deleuze prosigue analizando los diversos "nacionalitarismos" y "utopismos" en las imágenes de pensamiento del último siglo en términos de estas filosofías y geografías filosóficas "desterradas", o en términos de su propia idea de *"erewhon"*, ese "ningún lugar" que está "aquí y ahora".[45] En otras palabras, en la imagen de Deleuze siempre hay en la invención de la filosofía un momento de "desterritorialización absoluta" que ninguna "comunidad imaginaria" de una nación determinada ni ninguna condición utópica pueden luego cubrir o compensar y que, por eso mismo, reclama la invención de "territorios" nuevos. A esta visión "desterritorializada" o "desterrada" de la geografía filosófica la acompaña en la noología de Deleuze un segundo principio: que no existe un "imperio de la verdad" en filosofía y que no hay necesidad de postularlo para pensar filosóficamente. Por el contrario, debemos rescatar el *agon* de los amigos de la filosofía de las imágenes ilusorias de una ciudad ideal, una ley trascendental, un contrato previo o una humanidad original, recordando las palabras del marrano excomulgado Spinoza: una ciudad es libre y vital en la medida en que acoge el movimiento del pensamiento libre y a los "pueblos" que tal movimiento crea y reúne, tanto mejor cuanto más diversos.

• 2. Ese movimiento siempre tiene un "afuera". Ya vimos que Deleuze admiraba el modo en que Sartre creó un afuera para la Sorbona, como luego haría Foucault, como un "nuevo archivista de la ciudad", es decir, lo que habría de hacer de cada uno de ellos un "pensador privado" y no un mero "profesor público". Es que "privado" en este caso no significa "internalizado" o "subjetivo" sino que, por el contrario, está definido por un "afuera" que aporta a la filosofía otros tipos de suposiciones pragmáticas que las atesoradas en la tradición kantiana que vincula a la Universidad con el *Rechstaat*.[46] Más en general, hay en la noología de Deleuze un intento de liberar la imagen de los *philoi* en la filosofía de la necesidad de identificarnos nosotros mismos o reconocernos mu-

---

[45] QP, págs. 95-96. Pero "utopía no es un buen concepto" y debemos llevar la conexión del pensamiento al presente, al punto de una experimentación para la cual la historia sólo ofrece "condiciones negativas" (pág. 106).

[46] Sobre la vinculación entre la universidad y el estado en la filosofía poskantiana, véase MP; págs. 465 y ss.

46

tuamente en función de alguna elevada ley, algún contrario o alguna república: liberar la imagen de los "amigos del concepto" de la identificación de un ideal o de algo trascendente y hacerla parte de una "experimentación" con ese "nosotros" que no está dado o que nos hace "desconocidos para nosotros mismos". Cada una de estas *personae* a través de las cuales una filosofía dramatiza sus ideas sugiere una orientación de la filosofía y del tipo de lucha en la cual se ve así envuelta.

Platón inventa al personaje de Sócrates y su *agon* con los sofistas; Kant imagina en cambio un Juez que vigila las fronteras de la razón; Leibniz se propone como abogado defensor de Dios en un mundo que parece haberlo olvidado, aduciendo siempre principios nuevos mientras que Spinoza, al dejar de lado incluso a ese Dios, crea en cambio la *persona* de un Inocente, una "suerte de niño que juega contra el cual no se puede hacer nada".[47] En cada caso, se desarrolla la contienda o el "juego" de la filosofía de manera diferente y de modo también distinto se definen sus adversarios. En la noología de Deleuze, esas imágenes son anteriores a los tipos de verdad que han procurado encontrar las filosofías y a la manera en que la han buscado, de modo que "la relación de la filosofía con la verdad no es estable ni constante, y por eso mismo no es posible usarla para definirla".[48] Sócrates decía que el hombre malvado se engaña a sí mismo pero, ¿en qué consiste, precisamente, ese "autoengaño"? ¿Es acaso lo mismo que la "*mauvaise foi*" sartreana o la "falsa conciencia" de Lukács? ¿O se parece más a la "mentira totalitaria" contra la cual luchaban las filosofías "disidentes" del bloque soviético? Quizá, ninguna de esas cosas. Porque lo que importa no es una única e inmutable "relación con la verdad" sino los distintos modos en que se orienta esa relación y se determinan sus particulares amigos, enemigos y rivales. Han existido muchos tipos de verdad en la filosofía y muchas maneras de expresarla y, al analizar las imágenes de pensamiento subyacentes, Deleuze intenta mostrar que las filosofías y los filósofos se han visto convocados a hacer cosas muy diversas: iluminar, emancipar, instruir, transportar, transformar, civilizar, custodiar el estado o desafiarlo, etcétera. Se podría decir que en algún sentido, en la filosofía, la imagen de pensamiento y de lo que el pensamiento se ve incitado a combatir es anterior a la

47 QP, pág. 70.
48 QP, pág. 54.

47

"argumentación", de modo que uno podría analizar los estilos de argumentación en relación con la orientación que heredan de tales imágenes. Así, Descartes "argumentaría" de manera distinta que Platón o Hume o Wittgenstein o Kant –lo haría por medio de "meditaciones" y no de "diálogos", "indagaciones", "investigaciones" o "críticas"–, de una manera también distinta de la que adopta la filosofía analítica, cuya argumentación se ajusta a la imagen del litigio, de abogados que preparan un caso exponiendo reclamos y justificándolos, buscando precedentes.

Sin embargo, esta prioridad de las imágenes con respecto a las "relaciones de verdad" en la filosofía no es un relativismo; por el contrario, forma parte del proceso de "selección" mediante el cual Deleuze intenta liberar al pensamiento de su "imagen dogmática". En *Diferencia y repetición,* la selección de imágenes de pensamiento procede de este modo: una imagen dada se comprende en relación con su "negativo", con aquello a lo que se opone (por ejemplo, el error, la superstición, la ideología, etc.), pero una imagen queda liberada de pre-supuestos dogmáticos del tipo que se observa en Descartes cuando invoca el sentido común (el Idiota cartesiano) sólo en la medida en que ya no toma como su negativo un error que se debe corregir o una ideología que hay que superar sino una estupidez o *bêtise* que se debe poner de manifiesto y atacar. En otras palabras, una filosofía que realmente no tenga presupuestos sería aquélla cuyo *agon* no proviniera de errores ideacionales o proposicionales ni se dirigiera contra ellos (como ocurre con un "discurso del método"), y que se hiciera cargo de una estupidez anterior y más refractaria. En el siglo XIX, Flaubert entendió que esa estupidez era el objeto contra el cual debía proceder la literatura y del cual ésta proviene, sustituyendo así los problemas más clásicos del error y la ficción. Deleuze descubre que, en la filosofía, Nietzsche se propuso una empresa similar que luego prosiguió Foucault: *nuire à la bêtise,* atacar la estupidez.[49] En calidad de término aplicable al elemento en que se desarrolla el *agon* filosófico, "estupidez" no es lo mismo que "irracionalidad", si bien el combate se hace al costo de cierta "locura" y compromete al pensador con algo inhumano e intolerable. Más bien implica que la filosofía no comienza con un deseo natural por conocer ni responde a ninguna "luz natural" (como suponía la tradición) sino a un encuentro con algo que no encaja en la manera

49 PP, pág. 206.

48

habitual de ver y de pensar, algo que "hace trastabillar" el pensamiento y plantea una novedad que debe ser pensada. Si existe algo *bête* (estúpido y bestial a la vez) en el pensar, es precisamente porque no es posible confiar en la alegre "buena voluntad" del conocer y hay que lidiar en cambio con la conmoción que causa algo para lo cual no hay saber ni método ni conocimiento previo. Lo mismo puede decirse de la "mala voluntad" o "resistencia" a las maneras habituales de pensar que despierta en nosotros la intuición de semejante conmoción. Tal "problematización" es la que lleva al filósofo (y a sus amigos) "fuera" de la *doxa*, sin garantizar por ello un conocimiento superior o primero, ni algo que todos al cabo verán y aceptarán. Por eso mismo, pensar en términos de "problematización" es una "actividad peligrosa", erizada de riesgos. Por ende, atacar una estupidez no es lo mismo que corregir un error, disipar una superstición o criticar una ideología: no es exactamente "desmitificar" y no supone ninguna ciencia superior. El objetivo es hacer visibles fuerzas nuevas, formular los problemas que plantean e incitar a una suerte de actividad experimental del pensamiento sobre ellas porque, para decirlo con palabras de Foucault, lo contrario de la estupidez no es la inteligencia sino el pensar, o la filosofía misma.[50] Así, en su noología Deleuze ofrece un abanico de "relaciones de verdad" en la filosofía. Al mismo tiempo, su imagen de la estupidez como el "negativo" del pensamiento sugiere qué querría decir –cuando se hace filosofía– no poner la confianza en alguna trascendencia o *Urdoxa* y apostarla en cambio al mundo del cual el pensar proviene y en el cual se hace efectivo.

• 3. Esta prioridad en la filosofía de las "imágenes de pensamiento" con respecto a la historia o la narrativa y a los distintos tipos de "relaciones de verdad" que configura, modifica a su vez el tipo de relaciones que la filosofía tiene con otras disciplinas, notablemente, con las ciencias y las artes. Disipar las ilusiones de la "representación" o la "narrativa intrínseca a la filosofía", por ejemplo, tiene consecuencias sobre el modo en que tradicionalmente se ha concebido el arte y la ciencia, o sobre la comprensión filosófica que estas disciplinas tienen de sí mismas. En otras palabras, la concepción de Deleuze de la "imagen de pensamiento" lleva a una nueva "imagen de la ciencia" y una nueva "imagen del arte"

[50] "Theatrum Philosophicum", págs. 361-362.

en la filosofía, de modo que un tercer objetivo de su noología consiste entonces en elaborar las relaciones que la filosofía tendría con estas otras disciplinas.

Hay dos figuras que el filósofo francés piensa que debemos evitar. La primera es la de lo adventicio, una imagen de la filosofía como metadisciplina que establece o custodia las reglas por las que se han de regir las otras disciplinas, como cuando se hace un intento por prescribir un método o "apreciar teorías" en la ciencia o por establecer una "teoría del juicio" en las artes. Deleuze opina que no ocurre solamente que los artistas y los científicos no necesitan de los filósofos para apreciar o juzgar en sus respectivos dominios, sino que los mismos métodos científicos y las formas de juzgar evolucionan de manera que es imprevisible. Por eso, las relaciones de la filosofía con las artes y las ciencias deben buscarse siguiendo otro rumbo. No ve razón alguna para no proseguir la tradición de la "filosofía natural" al estilo de la cosmología de Whitehead, tal vez en relación con nuevas especulaciones sobre el caos y la complejidad. A este respecto, admira, por ejemplo, el estudio que hace Michel Serres de los modelos matemáticos de Leibniz y de la física estoica, así como su intento de "traducir" las ideas de la termodinámica a las artes. Tampoco ve razón alguna para no explorar en un medio como el cine un problema filosófico como el de la determinación de nosotros y nuestro mundo en el espacio y el tiempo, o para no extraerlo de allí. Con tales "resonancias e interferencias", empero, es importante disipar otra figura, la de una suerte de identificación o imitación que encontramos tanto en las formas "positivistas" como en las "esteticistas" de la filosofía moderna: el intento de Quine de "naturalizar" la filosofía sería un ejemplo de esas primeras formas positivistas; los intentos de "textualizar" la filosofía como "teoría literaria" en los que se han empeñado los profesores de literatura serían un ejemplo de las formas esteticistas. Una de las razones por las cuales Deleuze hallaba tan tedioso el hablar sobre la "antifilosofía" o la "posfilosofía" es que, contrariamente, siempre entendió que la filosofía tiene "materias primas propias que le permiten establecer relaciones externas –tanto más necesarias– con otras disciplinas".[51] Pensaba que la filosofía aborda problemas de distinta clase que las artes y las ciencias, problemas que sobreviven a sus primeras formulaciones o persisten en las primeras soluciones que se

[51] PP, pág. 22.

50

les dan, aun cuando existan zonas en las cuales uno no pueda decir todavía si un determinado problema será filosófico, artístico o científico. Esos problemas y "problematizaciones" exigen que pensemos allí donde no podemos saber con certeza científica pero, no obstante, no son problemas irracionales, ilógicos o no científicos sino que tienen su propia consistencia y están más vinculados con ese elemento de lo desconocido que siempre acarrea el desarrollo de la ciencia y con el tipo de "sensaciones" que las artes extraen permanentemente de las cosas reconocibles y de los hábitos mentales asociados con ellas. Pues esos son los tipos de "relaciones externas" que se hacen tanto más necesarias cuando la filosofía por su parte abandona su pretensión de una *Urdoxa* o saber superior y se vuelve en cambio hacia sus problemas peculiares, los acontecimientos que los originan, las intuiciones a través de las cuales adquieren forma, y los efectos que tienen sobre maneras de pensar anteriores, atacando así la "estupidez" en la vida de la gente.

Siguiendo estas grandes líneas, las investigaciones noológicas de Deleuze lo llevarían a la cuestión "práctica" de hacer concretamente filosofía de una manera no dogmática o carente de pre-supuestos, lo que sería así cuestión de ese "pensar por derecho propio" que, según decía, le había inspirado sobre todo la lectura de Nietzsche. En pos de esta inspiración, haciendo filosofía según esta imagen, Deleuze se vería empujado a las grandes cuestiones de la lógica, la vida y el arte.

IV. MULTIPLICIDAD

– 1 –

En Deleuze, la "lógica" adquiere un nuevo sentido. Se la convoca para cosas nuevas que se acomodan a la "imagen de pensamiento" que el autor intenta elaborar: una lógica de la "multiplicidad", del sentido. A los que entienden la "lógica" como cálculo sentencial de verdad, esta noción puede parecer paradójica y sin sentido; y los que pretenden de ella un método de inferencia para las ciencias bien pueden negarle lisa y llanamente el carácter de lógica. Contar con un cálculo o método puede ser muy útil para corregir los errores de inferencia. Pero para eludir las ilusiones del reconocimiento y la representación en el pensamiento, y poder pensar de otra manera se necesita una lógica de otro tipo. En efecto, es necesario disipar la ilusión de que los problemas del pensamiento se reducen al tipo de cuestiones que se pueden resolver de una vez por todas deduciendo proposiciones de otras que se toman como premisas, variante de lo que Deleuze llama "la ilusión discursiva". El filósofo francés piensa que siempre existe una cuestión anterior, la de determinar qué es un problema verdadero y qué es un falso problema: "La categoría del sentido reemplaza a la de verdad cuando 'verdadero' y 'falso' se aplican al problema y no a las proposiciones que responden a él".[52] Inspirada en el empirismo, la suya sería "una lógica del sentido y el acontecimiento" en lugar de "una lógica de predicación y verdad".[53] Pero, ¿qué tipo de ló-

---

[52] LS, pág. 145.

[53] LS, pág. 135. Cf. pág. 32. "La lógica del sentido está totalmente inspirada en el empirismo" porque más allá de lo dado, no encuentra

gica es ésta? No se parece a la "lógica trascendental" de Kant ni a la "dialéctica" de Hegel: Deleuze se ve llevado al papel de las Ideas en Kant y al respecto subraya que el sentido y la lógica de la diferencia "no es dialectizable". Presupone otra visión de la filosofía misma: "concibo a la filosofía como una lógica de multiplicidades", dice en un lugar.[54] En la lógica de Deleuze la cuestión radica en lo que podría significar pensar en términos de multiplicidades en lugar de hacerlo en términos de identidades o proposiciones, y vernos así a nosotros mismos y a nuestro cerebro compuestos por multiplicidades en lugar de predicados y proposiciones.

De modo que la lógica de Deleuze no se ocupa del "reconocimiento de lo verdadero" sino de otro problema, otra concepción de los problemas: intenta mostrar y elaborar las "complicaciones" de nuestro pensar. Es una lógica de "creación de conceptos" que surgen de la problematización, y tiene otros pre-supuestos y objetivos pragmáticos que una lógica que nos indica cómo pasar de algunas sentencias verdaderas a otras, cómo ir de la indeterminación a un todo dialéctico, o cómo alcanzar categorías a priori del pensamiento. Si se la concibiera como una máquina, no sería una máquina de cálculo o de cómputo –una máquina de Turing– sino una suerte de máquina "de complicar", que se mueve entre las distinciones habituales, nos sorprende, alcanza una disparidad irreductible, un azar incalculable, y se parece más a los "móviles-tiempo" de Alfred Jarry que a los "módulos" de Jerry Fodor.[55] De hecho, lleva a Deleuze a una visión del cerebro y la cognición que difiere de esa inteligencia artificial que sólo

---

esencias o condiciones sino problemas que expresan otras posibilidades de pensamiento.

[54] PP, pág. 201.

[55] CC, págs. 119 y ss. Los móviles-tiempo de Jarry no sólo presentan desde un ángulo humorístico los dictámenes de Heidegger sobre la esencia metafísica de la tecnología; en los escritos de Deleuze encajan dentro de una serie de máquinas paradójicas surrealistas o dadaístas (Man Ray, Duchamp, Tinguely). Véase "Bilan-Programme" en AO, págs. 463-487, especialmente la página 476 y siguientes, donde el principio de "desacoplamiento del procedimiento de recurrencia" introduce el azar en la máquina y, en particular, en la relación ciudad-máquina. En contraste, cuando se supone que una tecnología actúa por sí misma, suele adoptar un matiz fascista (pág. 480). La relación de esas máquinas con el Afuera, que supone cierta idea de demora o de tiempo, brinda una figura muy distinta de los numerosos módulos de la mente de Fodor o, más generalmente, con el "conectivismo".

sirve para retornar a la "más obstinada lógica" del reconocimiento y la representación.[56]

Pese a esas peculiaridades –o quizás a causa de ellas–, la lógica de Deleuze trata de las relaciones entre el pensar y la vida misma, al punto que lo que él intenta rescatar de la tradición filosófica es precisamente una pregunta "práctica" sobre la vida. En *Lógica del sentido*, por ejemplo, hace una presentación muy original de la lógica estoica de la implicación, en términos de "sentido y acontecimiento" y no de "verdad y proposición", en la cual, siguiendo a la física estoica, plantea el gran interrogante práctico de cómo aceptar el destino rehusando la necesidad y, más en general, de cómo "no ser indignos de lo que nos sucede".[57] Análogamente, su análisis de la lógica de la Sustancia y sus modos en la *Etica* de Spinoza como lógica de la "inmanencia" y de las "singularidades" que la componen lleva a una "filosofía práctica" (que debe diferenciarse de una moral) que vuelve a formular la relación del pensamiento con la vida (especialmente en su apelación a las "nociones comunes").[58] En el caso de Bergson, propone introducir una "concepción de la diferencia" en la vida, su *élan* y su "evolución creativa", y obtiene como resultado una lógica de "indeterminación" anterior a la forma organística o que tiene un fin, y que se manifiesta en cambio en una suerte de "pragmatismo" de la percepción, la memoria y la acción. Siempre, la lógica de Deleuze lleva a su vitalismo; y su vitalismo, a su lógica. Hay mucho de humor, de juego y de artimaña en esta lógica que emana del ejercicio vital del pensamiento, esa "filosofía práctica" de la cual es inseparable.

Así pues, comprender la lógica de Deleuze es comprender en qué "sentido" es una lógica, puesto que no se trata de un método de inferencia para los científicos (que ellos no necesitan según Deleuze) ni de una sintaxis para las computadoras (cuyas relaciones con el pensar deben comprenderse por otros

[56] QP, pág. 197. En la neurociencia, Deleuze estaba cerca de Steven Rose quien, situando la computadora dentro de una historia más vasta de analogías cerebro-máquina, propone en cambio concebirla como una especie de sistema-cerebro probabilístico.

[57] LS, pág. 174. Podría decirse que la "dignidad" que consiste en estar a la altura de (*digne de*) lo que nos acontece es el problema ético fundamental de la filosofía tal como Deleuze la concibe.

[58] SPP. Sobre la nueva relación entre el pensamiento y la vida, véase el capítulo 1; sobre el papel de las nociones comunes en la "filosofía práctica", véase el capítulo 5.

55

caminos). Es una lógica de un "sentido" previo a los "valores de verdad" establecidos y los acuerdos públicos, algo que se ramifica o prolifera perpetuamente de manera imprevista. Es una lógica para pensar, no ya en términos de generalidades y particularidades sino de ideas singulares, complicaciones y "temas complejos": no en términos de identidades y oposiciones sino de "diferencias" que no se pueden cuantificar e intersticios entre las distinciones dadas o con lo que aún no está "determinado ontológicamente" y no acaba de estarlo jamás. No es inductiva ni deductiva, ni siquiera proposicional; es la lógica de una especie de arte conceptual para habérnoslas con lo que es problemático o lo que nos complica en lo que nos acaece. En otras palabras, es una lógica para una actividad del pensamiento que se deforma y se oscurece cuando se la reduce a una teoría de la inferencia del tipo de los silogismos de Aristóteles. Por el contrario, intenta liberar el pensamiento del "don envenenado"[59] de la trascendencia que Platón inyectó en él cuando imaginó todo como la mera imitación de Formas puras, y liberarlo también de los diversos semblantes que adoptaron el don y el veneno en la lógica "trascendental", la "dialéctica" y la "simbólica". Debemos invertir el platonismo (cosa que el propio Platón fue el primero en hacer); sólo entonces vemos lo que es la lógica y lo que puede hacer.

– 2 –

Debemos "descubrir" la ilusión de trascendencia en Platón así como Platón intentó descubrir las Formas extractándolas de la imperfección sensorial de las cosas.[60] En el núcleo de la ilusión, Deleuze encuentra la lógica de las relaciones entre las Formas y sus "instanciaciones", la lógica de lo universal y lo particular, del signo-tipo y el signo-ocurrencia [*type and token*], y las correspondientes operaciones de generalización y especificación que llevan a esa suerte de visión taxonómica o arborescente de las "categorías" que obsesionaba a Aristóteles. Hoy, esas relaciones y operaciones se suelen entender en la línea de Frege, en términos de conjuntos y elementos de conjuntos, con funciones que aplican los unos en los otros. No obstante, para Deleuze, este talante *à la* Frege sólo exacerba

59   CC, pág. 171.
60   "To reverse Platonism", apéndice I, LS, págs. 292 y ss.

la ilusión del don platónico, perpetuando la confusión de los problemas filosóficos con las proposiciones. Su propia "lógica de multiplicidades" recurre a otro principio adaptado de la crítica de las abstracciones en Whitehead: lo abstracto no explica nada; debe a su vez ser explicado reinsertándolo en una multiplicidad.[61]

Así, Deleuze declara que la representación de Frege y Russell de los conceptos como funciones de conjuntos es necesariamente "reduccionista", reduccionista del "sentido" y la "complicación" que él quiere volver a incorporar en la lógica y en la idea de "concepto" en filosofía, al punto de restringir la "imagen de pensamiento" analítica que fue obra de Russell, entre otros.[62] Deleuze cree que tenemos que huir de todo ese cuadro de conjuntos y elementos discretos o atómicos, o llevar la intuición de Russell en su teoría de las "relaciones" más allá de las funciones predicativas múltiples. En su lugar, debemos imaginar totalidades abiertas e inacabadas con componentes indeterminados para los cuales la distinción que hacen las matemáticas entre variación discreta y continua, o entre continuidad racional e irracional, es mejor que las funciones de Frege.[63] Podríamos decir entonces que, en contraste con la "diversidad" discreta de un conjunto, una multiplicidad es una especie de potencialidad para la bifurcación y la "variación" en una totalidad abierta.

La idea de "multiplicidad" en Deleuze no debe confundirse entonces con las tradicionales nociones de "lo numeroso", lo "múltiple" [manifold]", o la "variedad", y exige otro tipo de operaciones lógicas. Así, Deleuze no habla de "particularidad" sino de "singularidad"; tampoco habla de "generalidad" sino de un "plan de composición" indeterminado en el cual las singularidades se fusionan o se unen. Encuentra un ejemplo de lo primero en la noción de "haecceidad" en Duns Escoto, y un ejemplo de lo segundo en la noción de "Sustancia" en Spinoza. En el universo lógico de Deleuze existe entonces, por así decirlo, algo "más pequeño" que el individuo más especificado, y más grande que la categoría más

[61] Deleuze, págs. VII-VIII.
[62] QP, págs. 128 y ss. Deleuze utiliza a veces el término "lógica" con un matiz negativo para hacer referencia a la imagen de pensamiento subyacente a la lógica sentencial de Frege y de Russell, por ejemplo, cuando habla en uno de los apéndices de una "máquina antilógica" en Proust.
[63] Sobre los dos tipos de continuidad, véase C2, págs. 235 y ss. En la nota 46 de la página 236, Deleuze habla de la distinción que hace Albert Spaier entre números racionales e irracionales como ruptura de un continuum.

abarcadora.[64] Análogamente, lo que él llama "diferencia" no debe confundirse con distinción, oposición o contradicción, y podría calificarse de "libre" sólo cuando se ha librado de la lógica de tales nociones. Leibniz dijo que dos cosas son distintas cuando se puede decir algo verdadero de una de ellas que no lo es con respecto a la otra, pero aun en Leibniz Deleuze detecta "diferencias" y "singularidades" anteriores a esa distinción, y que tienen otro sentido: se puede decir que dos cosas "difieren libremente" cuando no corresponden a ninguna clase y están próximas en una suerte de entorno (voisinage) indefinido. Así, una "singularidad" no es un caso o una instanciación de nada: no es la particularidad ni la cualidad de ser único. Según Deleuze, su individuación no es una especificación y, de hecho, existen individuaciones bastante "impuras", que mezclan elementos de muchas especies diferentes. Sin embargo, este no-corresponder-a-ninguna-clase, esta "indefinición" o "vaguedad", no es una deficiencia o incoherencia lógica sino una suerte de potencia o azar –como sucedía con lo que Peirce llamó "primeridad"–, una "frescura" de lo que todavía no ha quedado definido por el hábito ni la ley.[65] Así, como Peirce, que habla de una "heterogeneidad" primera, Deleuze habla de una "disparidad" lógica que no es "diversidad" ni simple desorden; habla de una "dispar-ación" [disparation] que no divide el espacio en partes distintas sino que lo dispersa o lo desperdiga para que pueda surgir algo nuevo. Son esas "diferencias libres", "disparidades" o "singularidades" las que constituyen "combinaciones" o "ensamblamientos múltiples": por eso su sentido está dado por "síntesis" lógicas de un tipo original, muy distintas de las "funciones de verdad". A diferencia de los elementos de un conjunto, los componentes de una multiplicidad deben ser indefinidos o vagos para acompañar la manera "errante" en que se construye una multiplicidad. El problema de la lógica de Deleuze se convierte entonces en la

[64] DR, págs. 52-59.

[65] Sobre la relación de la "vaguedad" en Peirce con una suerte de azar "indómito" (nómade), véase el libro de Ian Hacking, The Taming of Chance (Cambridge, 1990), capítulos 17 y 23. Análogamente, Deleuze insiste mucho en una carta de Leibniz a Arnauld en la cual distingue entre la creación de Adán-el-pecador y la creación del mundo en el cual Adán peca (LS, pág. 134), abriendo así las puertas a la cuestión de un "Adán vago, impreciso" (LS, págs. 139 y ss.). Deleuze llega así a una visión original del concepto de "com-posibilidad" en Leibniz, que no es reductible a la consistencia lógica ni a la coherencia causal (LDS, págs. 200 y ss.).

cuestión de cómo repetir "las diferencias libres" en totalidades complejas que no reducen lo que las hace diferentes, de cómo conectar "singularidades" en un "plan de consistencia" que preserve lo que las hace singulares.

– 3 –

Se podría decir entonces que el objetivo de Deleuze es elaborar este problema fundamental de la lógica de las multiplicidades según cuatro líneas.

• 1. Hay un intento de desarrollar conectores lógicos de tipo original, irreductibles a la generalización o especificación dentro de categorías puras y, por lo tanto, irreductibles a la unión e intersección de conjuntos: conectores que operan en cambio con "zonas de indistinción" que escapan a las oposiciones o contradicciones. Siguiendo a Blanchot, se podría hablar de una "neutralización" de distinciones dadas (en el sentido de "ne-uter" en latín: ni lo uno... ni lo otro), que no lleva a la ausencia sino a la "multiplicidad", a nuevos puntos de conexión. Abre, en otras palabras, la posibilidad de una "síntesis disyuntiva", en la cual las cosas disjuntas son "dispares" y no "distintas", y la síntesis es "inclusiva" y no "exclusiva" ("que esto acompañe a aquello"). Incluso el "no" deja de ser una manera de conmutar los valores de verdad o de trasladarse a la etapa inmediatamente superior en una dialéctica, y se transforma en la marca de la actualización de una multiplicidad ("que no se halla en ninguna distinción dada porque despliega algo más, algo nuevo"). Las "implicaciones" de los conceptos filosóficos se "despliegan" entonces mediante tales conexiones en lugar de hacerlo mediante conjuntos y funciones, encarnación de Formas, o mediante la atribución de predicados a un sujeto: en otras palabras, se despliegan mediante la convergencia y divergencia de series abiertas que se ramifican. El operador lógico fundamental es el "Y", anterior al "Es" de la predicación o la identidad.

• 2. Con este "Y", la lógica de Deleuze se libera de la cuestión de la "determinación ontológica" (exponer lo que es), a medida que desciende del don envenenado de Platón o de lo que hallamos en el principio de Quine: "ser es ser el valor de una variable". Supone un tipo de gramática o de coherencia lógica distinta de las que se inspiran en sentencias como "el cielo es azul" o "Dios existe".[66] Conectando "esto" y "aquello", moviendo el "aquí" y el "ahora", tiene una relación con el lenguaje que Deleuze compara al balbucear en otra lengua impronuciada aún y jamás comprendida por entero. Sólo de esta manera puede el lenguaje alcanzar lo que no está "determinado ontológicamente" en nuestra existencia y nuestro mundo, lo que está dado en cambio por otros tipos de descripción, como cuando en la literatura y el cine, los "personajes" ya no están determinados por "cualidades" fijas sino reunidos a través de retazos o bloques en la lógica de lo que acontece o lo que ha acontecido. Porque en lo que nos acontece –y en lo que nos ha acontecido– hay siempre algo "inatribuible" que, sin embargo, forma parte de nuestro "devenir". Eso es lo que Deleuze llama un "acontecimiento", el tipo de acontecimiento que supone el "sentido" de su lógica y la extraña gramática de su "Y". "En todos mis libros he buscado la naturaleza del acontecimiento", dice Deleuze, y agrega: "es un concepto filosófico, el único capaz de destituir al verbo ser y al atributo.[67]

• 3. Esta "destitución" lógica, entonces, no es en sí misma un fin sino la consecuencia de otra manera de pensar acerca de las cosas y de conectarlas: otro tipo de construcción lógica con una relación diferente con "lo que es". Deleuze dice que su lógica es "constructivista", no "desconstruccionista". No se trata tanto de deshacer identidades como de combinar las diferencias en todos abiertos o complejos. Pero, ¿qué es un todo que incluye la multiplicidad? ¿Qué relaciones implica entre lo múltiple y lo uno? Como hemos visto, para Deleuze una "singularidad" no es algo único o *sui generis* sino, por el contrario, algo que sólo se puede comprender a través de las maneras en que se repite. Es precisamente esta "iterabilidad de lo singular" la que exige una lógica diferente que la de la generalidad que subsume las cosas en clases o la del sujeto al cual son inherentes los predicados, una lógica de un todo "complicado" o "complejo". Usando la terminología de Deleuze, podríamos decir entonces que una singularidad es lo que se incorpora a una "serie", y una serie, a diferencia de un conjunto o un todo orgánico, es lo que está compuesto de "singularidades".[68] La diferencia entre una serie y un conjun-

---

[66] PP, págs. 64-66.
[67] PP, pág. 194.
[68] Puede hallarse una exposición de la noción y la lógica de la serie en LS, págs. 50 y ss., y la comparación con los conjuntos está en PP, págs. 79-80.

60

to o un todo orgánico puede verse en el modo en que continúa: para usar palabras de Deleuze, la serie está siempre "comenzando de nuevo por la mitad" en lugar de moverse desde un principio hasta un fin.

Ludwig Wittgenstein planteó el problema de la continuidad como algo relativo a la regla precisa para añadir uno a una serie de números, y Saul Kripke mostró que este problema puede extenderse a la cuestión de los predicados, en particular, los predicados que se utilizan para describirnos a nosotros mismos y, por ende, puede extenderse al escepticismo de Hume.[69] Pero, a diferencia de una serie de números, no se puede hacer la misma objeción a lo que Deleuze llama una multiplicidad, cuyos componentes conservan cierta vaguedad y no se pueden escoger uno por uno. Se asemejan más a las "estabilizaciones" de lo que Gilbert Simondon denominó "sistemas metaestables", que cambian junto con la definición de sus componentes individuales. Por ejemplo, las diferencias de color pueden ser más sutiles que las que abarcan los rígidos "predicados arraigados" que, para Nelson Goodman, impiden que el "verde" se vuelva "verzul". De hecho, Deleuze piensa que el color entra en la "lógica de la sensación" en pintura de esta manera, y no como una propiedad de las cosas.[70] En este sentido, las singularidades de Deleuze son como puntos "subindividuales", anteriores a los mundos determinados por los predicados, en los cuales las cosas pueden bifurcarse en otros "mundos posibles" de predicación. En suma, una multiplicidad no es numerable y debe continuarse de otras maneras, como cuando Wittgenstein dice de la continuidad temporal que, cuando pensamos en el futuro

[69] Saul Kripke, *Wittgenstein on Rules and Private Language* (Harvard, 1982). La paradoja de Goodman sobre el color "verzul" tenía la intención de establecer la existencia de "predicados arraigados" en toda inferencia inductiva o predictiva. La noción de Deleuze de que nuestras "singularidades" son "preindividuales" puede expresarse diciendo que son anteriores a las "cualidades" más o menos arraigadas o a los predicados que nos vuelven previsibles; que introducen otro tipo de azar y de riesgo en nuestra vida u otra "síntesis de tiempo" no inductiva. Se debe volver a pensar la distinción entre lo público y lo privado en consecuencia, como sugiere Deleuze en su análisis de Whitehead (PLI, págs. 106 y ss.). Con respecto a lo que esto supone acerca de la idea de reglas, véase E, págs. 59 y ss.

[70] Deleuze piensa que Hume introduce un "escepticismo moderno" que ya no se fundamenta en las apariencias sensibles y el problema del error de los sentidos; el punto de partida son las relaciones, y el problema no es el del error sino el de la "ilusión": el de cómo distinguir la creencia legítima de la ilegítima. Véase el capítulo sobre Hume en PI.

61

del mundo, siempre hablamos del destino al cual arribará si sigue marchando en la dirección en que lo vemos avanzar ahora: no se nos ocurre que su trayectoria no sea una línea recta sino una curva, cuya dirección cambia constantemente.[71]

Para Deleuze, quien mejor plantea el problema de la continuidad es Bergson cuando dice que una duración es la actualización de una multiplicidad "cualitativa" y no "cuantitativa". Continuar una multiplicidad es pasar a una zona que no está predeterminada lógicamente sino que "inventa diferenciando".[72] Por eso mismo, la duración supone una forma de tiempo que ya no procede por sucesión o permanencia sino como un todo abierto, que se "diferencia" constantemente y comienza de nuevo a partir de puntos peculiares. Ese todo no es "orgánico" (no se expresa en cada una de sus partes ni se articula en miembros que funcionan armoniosamente en conjunto), y la multiplicidad que congrega no es fragmentaria sino inacabada (*inachevé*) solamente, como un muro de piedras sueltas, sin argamasa.[73] En efecto, no debemos enredarnos en una alternativa excluyente entre organicismo y mecanismo: entre el "holismo" del primero y el "atomismo" del segundo. El problema, en cambio, es el de la expresión de una vida anterior a lo que nos "individualiza", que es precisamente lo que Deleuze intenta incorporar, por ejemplo, en la lógica de las mónadas y los mundos de Leibniz o encontrar en los modos de ser singulares y su composición en Spinoza. Así, la "complejidad" de un todo complejo jamás puede reducirse a elementos simples y sus combinaciones, y el pensamiento debe "captarla" de otra manera, a través de otro tipo de construcción y de continuidad.

• 4. La filosofía es, entonces, una lógica de la multiplicidad, pero una multiplicidad no es un conjunto cuyos miembros se puedan escoger uno por uno: tiene otros tipos de "implicaciones". En efecto, debemos librar a la noción de "implicación" de los problemas que se formulan en la forma platónica o

---

[71] Ludwig Wittgenstein, *Culture and Value* (ed. G.H. von Wright, trans. Peter Winch, Chicago, 1980). Acerca de la distinción de Deleuze entre continuidades "racionales" e "irracionales", véase C2, pág. 235. Sobre el reemplazo de una imagen "euclidiana" del tiempo por una cristalina, véase CC, págs. 167 y ss.

[72] B, pág. 101. Esta idea de "invención" está vinculada con los temas de la intuición y el problema en Bergson.

[73] CC, pág. 110.

proposicional "¿qué es un X?". Porque las implicaciones de un problema filosófico nunca son una simple cuestión de inferir verdades a partir de otras verdades sino de tener otro tipo de relación con el lenguaje: suponen una textura o trama (symploche) del discurso anterior a todo lo que se puede tejer a partir de Formas puras e inmutables. [74] Así, Deleuze dice que las "implicaciones" no son consecuencia de las tesis sino ramificaciones de "temas complejos" que luego se adjuntan a otros en diversas junturas o coyunturas. Una figura que ilustra las "implicaciones" de un tema complejo, o de cosas "que siguen" a otras o "se conectan" entre ellas de este modo informal es la de las series que convergen y divergen en torno a puntos problemáticos. En otras palabras, antes de la lógica de predicados y proposiciones, no hay un gran silencio o vacío sino una "complicación" que debe desplegarse o explicarse: Deleuze encuentra esta idea de "complejidad impura" de lo que no se puede hacer "participar" de las Formas prefiguradas ya en la noción neoplatónica de "complicatio".

Deleuze intenta hallar en Leibniz una versión "barroca" de esa complicación, tomando las palabras que remiten a un pliegue o "pli" –implicación, explicación, replicación, complicación, "perplegamiento"[*75] – y jugando con ellas–. De hecho, eso es lo que hace de Leibniz un filósofo del pliegue o la complejidad, si bien incluida todavía en una armonía preestablecida. Deleuze también encuentra el problema de la "complicación" pre-predicativa en el problema de la expresión en Spinoza y el problema de los signos en Proust. En su libro sobre Leibniz y el pliegue, Deleuze dice que una multiplicidad no es algo que tiene muchas partes; es algo "complicado" o plegado muchas veces de diversas maneras de modo que no tiene un estado de despliegue total sino sólo más bifurcaciones, como ocurre en el cuento de Borges sobre "el jardín de los senderos que se bifurcan". Ése es el tipo de complejidad "original" que jamás puede reducirse a una

---

* El texto en inglés dice "perplication" que, según el propio autor en su libro Constructions, es un juego con las palabras "perplex" (perplejo) y "plication", vocablo este último que remite al pliegue de algo como un abanico o, en el caso del sentido, una disposición en capas o un aumento de densidad producto del repliegue del lenguaje sobre sí mismo. (N. del T.)

[74] MP, pág. 594. Puede decirse que la otra manera "lisa" de "tejer un discurso" es una característica del propio estilo de Deleuze.

[75] Acerca del "perplegamiento", puede consultarse DR, págs. 324 y ss., y 359 y ss. Yo mismo analizo la lógica de las palabras que remiten al "pliegue" en mi libro Constructions (MIT, 1998).

lógica de simplicidad o generalidad. A medida que uno despliega o explica una implicación, se ve llevado a otra, que a su vez ayuda a pensar de nuevo la primera y apunta a otras: los pliegues provienen de pliegues, *plica ex plica*, como en la lógica barroca, obligada perpetuamente a proponer "principios". Pensar en términos de multiplicidades, entonces, es pensar con esa complejidad, para la cual Deleuze encuentra una especie de aspecto "clínico" expuesto por Spinoza en términos de los afectos y los perceptos del pensamiento.[76] Allí, un tipo distinto de "fluir" lógico –una sensación jubilosa de "aceleración" cuando surge algo singular y una sensación deprimente de que no aparece nada nuevo, de que uno está dando vueltas alrededor de una misma impasse, incapaz de inventar– nos afecta de manera diferente que la esperanza de una "solución" que se inferiría de entidades o verdades primeras, distinta también del temor de no alcanzarla y de la sensación de confianza en sí o de arrogancia cuando la hemos alcanzado.

Para Platón, el problema consistía en conseguir que todo encajara en la "red" de definiciones dialécticas. La lógica de Deleuze busca un cedazo, una criba o "red" de otro tipo, anterior al esquema hilomórfico de forma y materia, como sucede con la "lógica bastarda" de la *chora* en el *Timeo* de Platón. Su problema consiste en extraer lo que no se puede hacer "participar" de las Formas (universales, conjuntos, etc.), combinándolo, ensamblándolo, "construyéndolo" para formar un plan informal e inacabado, con el fin de responder a lo que en la vida y el pensamiento no está ya determinado: esos momentos imprevistos en lo que nos ocurre y ocurre en nosotros, que se abren a nuevas historias en la historia, nuevas sendas en la "complicación" de nuestro modo de existencia.

– 4 –

"Diferencias", "singularidades" y sus potenciales complicaciones pueblan así el universo lógico de Deleuze. Pero hay un matiz paradojal en decir que *hay* tales diferencias o que ellas *existen*, a tal punto la idea de "ser" se entronca en la lógica clásica de la que intenta alejarse Deleuze. En su *Lógica del sentido*, las denomina "extra-ser" y dice que, más que existir,

[76] CC, págs. 180 y ss.

64

"subsisten" e "insisten" en las cosas y en nosotros. Podríamos decir entonces que las multiplicidades "subsisten" en las cosas sin que podamos especificarlas ni "cuantificarlas": eso es precisamente lo que las hace "cualitativas". No se acomodan a la "red" de una lógica de cuantificadores de variables ligadas, como "todos" y "cada": una singularidad es en cambio *quelconque*, entendido como una marca de algo potencial, de una virtualidad "efectuada" de manera no cuantificable. Entonces, se podría decir que Deleuze es un "realista" de tipo peculiar, un realista respecto de esas virtualidades que no se pueden pronosticar ni prever, que tienen otra relación con el pensamiento.

A menudo se plantea el problema filosófico del "realismo" en términos que prácticamente remiten a un problema de clasificación. Así el nominalismo sostiene que sólo existen los individuos y que las clasificaciones que les corresponden sólo son maneras más o menos convencionales de separarlos, mientras que el esencialismo sostiene que también existen clases "reales" o taxonómicas. Pero, como ya vimos, Deleuze pretende decir que hay cosas "subindividuales" indeterminadas que se agrupan de manera "suprageneral". Así, por ejemplo, no se pregunta si las clasificaciones por género o sexo son "esenciales" o convencionales: las piensa como categorías "molares" que cubren miles de devenires "menores" que exigen nuestro "realismo". Proust es un buen ejemplo, y Deleuze piensa que lo que Proust denominaba "esencias" son de hecho "virtualidades" subindividuales vinculadas con nuestros amores y nuestros pensamientos de una manera muy distinta que las Formas en la Reminiscencia y la Amistad platónicas. Pero es mediante la distinción que hace Bergson entre lo "virtual" y lo "posible" que Deleuze elabora la lógica correspondiente. [77] En una lógica de instanciación, no hay diferencia entre un concepto y su realización más o menos "perfecta", salvo por su existencia misma. Contrariamente, de las "multiplicidades cualitativas" (o diferencias, o singularidades) deberíamos decir en cambio que "actualizan" un potencial problemático que no puede hallarse en ninguna parte dentro de las divisiones lógicas existentes. En este caso, la relación entre lo actual y lo virtual no tiene nada de la congruencia de las formas y sus instanciaciones, la actualización se transforma en cambio en una cuestión

[77] DR, págs. 269 y ss.

de "invención" de otro tipo diferenciador que ya no está contenida dentro de las posibilidades lógicas dadas.

¿Qué significa entonces ser "realista" acerca de tales virtualidades o del tipo de invención que exigen? Encontramos un tipo de respuesta en *Cinema 2*, obra en la cual Deleuze dice que el neorrealismo italiano no era "realista" por la atención que prestaba a las cuestiones sociales sino por la invención de un nuevo tipo de imagen capaz de mostrar algo "intolerable" para lo cual no hay ley ni lenguaje de juicio preexistente. Así, este realismo se adelanta a un cine preocupado por mostrar fuerzas adentro y afuera, que no pueden ser comprendidas ni "decididas" de la manera habitual –en la cual no hay dificultad en distinguir lo verdadero y lo falso, lo real y lo irreal y se arriba así a una decisión o juicio–, un cine que "ve" sin saber cómo "actuar". Deleuze encuentra el mismo tipo de "realismo" en Foucault y su arte de ver: al aportar un mapa o diagrama de las disciplinas en las sociedades modernas, Foucault mostraría algo intolerable que no preexistía en los programas y las políticas. Las propias palabras de Foucault sobre el momento de "lo real" o "lo que está sucediendo ahora" como punto de experimentación o invención podrían comprenderse así de modo más general como algo en lo que el realismo de mostrar lo intolerable está presente. Por ende, el principio de ese realismo podría formularse de esta manera: las multiplicidades tienen la realidad de los "acontecimientos" o de lo que es "inatribuible" en la existencia, y esa rea-lidad se manifiesta en cómo las vemos y en lo que hacemos con ellas; por eso exigen que seamos "realistas" cuando no podemos ni juzgar ni decidir sino sólo experimentar e inventar.

– 5 –

¿Cuál es, entonces, el "sentido" de la lógica que propone Deleuze? ¿Dónde encontrarla, y cómo? Como el "anonimato" que expone el discurso a los acontecimientos en Foucault, no se lo puede definir estableciendo verdades y los roles intersubjetivos ideados para alcanzarlas; por el contrario, tales "regularidades discursivas" lo presuponen. [78] Por consiguien-

---

[78] Las "regularidades" del discurso de las cuales habla Foucault (como las de la "gramática" de Wittgenstein) no se parecen a las que estudian la lingüística, los lógicos ni los teóricos del acto de habla: según Foucault suponen que, antes de ser lingüístico o lógico, el discurso siempre es acontecimiento.

66

te, no se trata de un sentido público mediante el cual logramos asignar "valores de verdad" a las sentencias, "fijar la referencia" de los conceptos o adoptar las "actitudes proposicionales" que acompañan esas actividades. En pocas palabras, el *sens* de Deleuze no es el *Sinn* de Frege. Es más "original" que ese *Sinn*, "subsiste e insiste" y surge en los momentos en que se lo "problematiza", para usar terminología de Foucault. Por consiguiente, tiene una relación distinta con el "sinsentido", y se puede hablar de cosas que son *unsinnig* pero que no son, empero, contradictorias (como el proverbial cuadrado redondo), como ocurre, por ejemplo, cuando Foucault habla de lo que en el discurso no es todavía o no es ya una "verdad posible", y de ahí, de lo que no se puede todavía decir o ver, o no se puede decir o ver ya en una regularidad dada. Con talante lingüístico, Deleuze cree verlo también en el "sinsentido" de las ficciones de Lewis Carroll. Lo que es *unsinnig* de este modo no es una deficiencia sino un recurso esencial del *sens*. Así, en *Lógica del sentido*, Deleuze cree que hay virtud en el hecho de que al hablar yo expreso siempre más de lo que puedo declarar, algo que está más allá del "yo pienso" o del "nosotros pensamos" establecido, algo irreductible a lo performativo, a la indexicalidad pública o a las "personas" habituales del discurso. Habla de una "capa de sentido" anterior al *Sinn* de las proposiciones, referencias y actitudes y que, sin embargo, es necesaria para el pensamiento o para las formas en que las cosas se dan al pensamiento, lo que él mismo, más tarde en *Mil mesetas*, lleva a una "pragmática" del lenguaje anterior a los postulados de la gramática generativa o la *langue* de Saussure. La anterioridad del *sens* al sentido y la referencia proposicional se pone de manifiesto, entonces, precisamente, en los peculiares tipos de problemas que son materia de la filosofía porque la filosofía, de hecho, se ocupa, como la ficción, del *sens* que siempre es *bête*, siempre paradójico por naturaleza. A la inversa, el "sentido" es aquello que la naturaleza de la paradoja filosófica presupone.

Las paradojas analíticas o "posanalíticas" planteadas por términos extraños como "gavagai" y "verzul", o la tan mentada "Tierra gemela", sirven para anular distinciones en la figura del sentido y la referencia heredada de Frege, Russell o el positivismo lógico, aun cuando, para Deleuze, terminan por restablecer cierta forma de "sentido común", como ocurre en el intento de Quine de naturalizar la filosofía. En contraste, para Bachelard, el conocimiento empieza siempre por una ruptura con el sentido común. Recuperando esta idea, Foucault intenta eliminar esa "problematización" incluso en la distinción que hace Bachelard entre ciencia e ideología, y llega así a los elementos del sentido que Deleuze elabora en *Lógica del sentido*, en su exposición de las paradojas "estructuralistas". Porque más que de paradojas del *Sinn*, se trata de paradojas del *sens*. Con la "carta robada" de Lacan nos enfrentamos a un problema de "repetición compleja": lo que repetimos en nuestros síntomas se traduce en una relación con "lo real" que debemos diferenciar no sólo del problema de la "representación de la realidad" sino también de la "relación con la verdad" que encontramos en el destino de los individuos en los mitos y la narrativa clásica. En la introducción a la obra de Marcel Mauss de Lévi-Strauss, encontramos la paradoja del exceso del lenguaje con respecto al sentido que adquiere en determinados momentos y lugares o en determinadas culturas o sistemas simbólicos. En conjunto, ese exceso del lenguaje y esa relación con "lo real" apuntan al tipo de paradoja o sentido paradójico que, según Deleuze, requiere el pensar y para el cual propone una lógica.

Las paradojas estructurales contribuyen a poner de manifiesto la artimaña de la imagen de pensamiento clásica o dogmática que nos quiere hacer creer que fuera de las distinciones y la claridad sólo hay confusión, caos o anarquía, y que fuera del *Sinn* de las sentencias verdaderas-o-falsas sólo hay sinsentido, absurdo o silencio. Deleuze quiere poner esa artimaña al descubierto y dice que, para que haya pensamiento, es necesario algún tipo de indeterminación y sinsentido. Habla así de una indeterminación que no es vacuidad, ni vacío, ni una noche dialéctica en la cual todos los gatos son pardos sino que está dada por esas zonas de indistinción que acompañan todas las determinaciones. Cree que, de la mano de tal indeterminación, hay un "sinsentido" que corresponde al pensamiento, no a la manera del pathos existencial del "absurdo" sino como capa o zona del sentido en la cual se ofrecen al pensamiento cosas nuevas. Así, piensa que la "ironía" socrática o romántica todavía recurre a una negación que se queda dentro de la imagen clásica y termina por reforzarla. En contraste, existe un "humor", relativo más bien a las relaciones de sentido y sinsentido en el pensamiento, que Deleuze descubre, por ejemplo, en Hume y el escepticismo que de él deriva.

Pero, ¿cómo se nos dan ese "sentido y sinsentido"? ¿A través de qué tipo de signos se manifiestan? He aquí el interrogante fundamental de la semiótica de Deleuze. El problema de los signos es así muy distinto del problema de los símbolos en la lógica simbólica al punto que, de hecho, en la lógica de multiplicidades de Deleuze no hay notación alguna: el autor inventa permanentemente, en cambio, palabras y procedimientos nuevos para alcanzar lo que se propone. En esa lógica del sentido (y del sinsentido), precisamente, no hay un *código* y no puede haberlo. Así, por ejemplo, Deleuze se subleva ante la idea de que el inconsciente está estructurado como un código. Lo que Freud denomina "síntomas" sirve, en cambio, para singularizarnos y singularizar nuestras relaciones recíprocas, como si cada uno de nosotros tuviera un "idiolecto" [*idiom*] o una "idiosincrasia" libidinal peculiar, clave del sentido que sólo puede estar en los caprichos de lo que decimos y hacemos, y que así crea "relaciones virtuales" entre nosotros, que son anteriores a cualquier orden simbólico e irreductibles a él.[79] Así, los síntomas serían signos de un "sinsentido" que no es error ni ruido en la información sino una prodigiosa reserva o virtualidad impersonal de lo que nos constituye como seres singulares. Pero, ¿cómo se manifiesta o expresa este extraño sentido para el cual no hay código ni notación ni sintaxis? ¿Cómo "constituimos o construimos el *sens*"?

– 6 –

El problema de la semiótica de Deleuze consiste en transmitir ese sentido y conseguir que lo que todavía no hemos podido pensar se torne pensable, que lo que no hemos podido discernir "clara y distintamente" se haga visible. Es el problema de expresar algo de nuestro modo de ser que no es imitación ni representación de nada anterior, algo que Deleuze percibe no sólo en los "síntomas" de Freud o en los "signos" de Proust sino

[79] En DR, págs. 131 y ss. se desarrolla la idea de "virtualidad libidinal" en Freud. Se podría decir que aun en este libro Deleuze piensa que el "orden virtual" que desarrollamos en nuestra relación recíproca como seres libidinales singulares es anterior a cualquier "orden simbólico" dado por identificaciones, y a nuestras relaciones "imaginarias" con él. Tiene otra lógica "diferencial" y otras relaciones con lo real: por ejemplo, relaciones de rasgo, zona y función, y no las de imagen, sujeto e imitación que Deleuze descubre en la novela norteamericana (CC, págs. 100 y ss.).

también en la cuestión de los "signos ambiguos" en Leibniz o los tipos de imágenes que él mismo elabora en su estudio sobre el cine. En cada caso, los signos exigen un tipo de inteligencia que difiere de la capacidad de decodificar un lenguaje o una lógica, son signos que se aproximan a algo que no puede "codificarse", lo que Deleuze llama procesos de "desterritorialización" o "líneas de fuga". Intenta así concebir una semiótica diagramática o cartográfica, y no simbólica o icónica, que diagnostique posibilidades distintas, no sólo predictivas o explicativas, y habla entonces de "máquinas abstractas" que serían "diagramas" de multiplicidades. Para que esto sea posible, es necesario pensar de nuevo la noción misma de "signo", al menos en dos aspectos.

En primer lugar, la relación entre los signos y aquello de lo cual son signos no está regida por semejanzas o analogías fijas, y no debe entenderse en términos de forma y contenido. Deleuze propone recurrir a la semiótica de Hjemslev para encontrar allí un elemento informal en la expresión que no está en el significado y el significante de Saussure; también recurre a la noción de formas "infra euclidianas" o "esencias vagas" de Husserl, que sería posible conocer con un rigor "anexacto" que no se parece al de los sistemas axiomáticos.[80] De esta manera, los signos se apartarían del hilomorfismo planteado por Platón y funcionarían en cambio mediante una suerte de "*mimesis* mala" que ya no está subordinada a la relación entre originales puros y sus instanciaciones, como ya ocurría con los "simulacros" y "fantasmas" de Platón. En segundo lugar, en la semiótica de Deleuze no hay una "doble articulación", no hay un enlace biunívoco anterior o necesario entre las palabras y las imágenes o el decir y el ver, no hay –como en Kant– un "esquematismo" que vincula la intuición y el concepto. Por eso Deleuze admiraba el intento de Foucault de mostrar que las paradojas lingüístico-imaginísticas de Magritte sirven para desbaratar el vínculo representativo clásico entre palabras e imágenes, ofreciéndonos así el "murmullo anónimo" del discurso que es anterior a ellas. Considera que esta idea es parte del arte de ver en la investigación de Foucault sobre el archivo, donde el vínculo entre lo que decimos y lo que vemos en un momento y un lugar dados está determinado por las regularidades del discurso más que por un esquema fijo. Análogamente, cuando se opone a la semio-

[80] MP, págs. 45 y ss. Por mi parte, expongo el problema de los "orígenes de la geometría" en mi libro *Constructions*, op. cit.

70

logía de Christian Metz en su estudio sobre el cine, Deleuze descubre todo un arte de conectar palabras y cosas, o el discurso y la visión, muy similar al de la pintura: las relaciones entre figura y discurso se obtienen mediante "procedimientos" que varían, y no están fijadas por un esquema de representación. Por eso mismo, el "sentido" del cine y de la pintura no es una cuestión de código.

Por su parte, Foucault aplica la palabra "procedimiento" al análisis que hace Deleuze del mundo esquizofrénico de Louis Wolfson.[81] Es una palabra que el propio Deleuze utiliza para la fórmula de Melville en *Bartleby, el escribiente*: "preferiría no hacerlo". Podríamos entonces pensar los "signos" de la semiótica de Deleuze como procedimientos para un universo que no está todavía reglado por códigos ni signos codificados, o que está en discordia con uno. Son por consiguiente "técnicas" o "instrumentos" de un tipo peculiar que Deleuze a menudo denomina "experimental". Para comprender los procedimientos debemos alejarnos de la imagen platónica de una *techné* que vincula forma y materia y, por lo tanto, palabra e imagen. Porque nosotros mismos nos formamos a través de procedimientos y técnicas cuyo sentido no es reductible a un *Sinn* común mediante el cual se representan los objetos para los sujetos. Más generalmente, Deleuze piensa que nos es necesario comprender los instrumentos en términos de los "ensamblamientos" más vastos de los que forman parte junto con nosotros o nuestros modos de ser. Deleuze imagina una suerte de evolución de los instrumentos y los "filums" a los cuales pertenecen que entrañaría ese sentido más laxo, que tiene en cuenta determinaciones a través de "ciencias menores", procedimientos artísticos o ficciones.[82] Se podría decir entonces que el "sentido" o la "lógica" de los "ensamblamientos" difiere del funcionamiento de los mecanismos concretos y, en particular, Deleuze piensa que esto es verdad con respecto al "filum" de la informática o la computación, cuya lógica o sentido suele reemplazar al de la mecánica. El problema de pensar con computadoras, en una época

---

[81] Michel Foucault, *Dits et écrits*, pág. x.

[82] Véase MP, págs. 502 y ss., donde se da el ejemplo de la metalurgia y págs. 495 y ss., donde se expone el principio de que el "sentido" de un instrumento sólo puede hallarse en el más vasto "arreglo" (social) en el cual figura. El principio se aplica, en particular, a las máquinas electrónico-informáticas, como dice Deleuze en las páginas 237, 244 y ss. Entonces, debería ser posible distinguir "filums" en la evolución de nuestros diversos "arreglos" con tipos de instrumentos.

de dispositivos informáticos, no debe confundirse entonces con el modelo computacional del pensamiento o la cognición. Se trata de pensar en términos de ese otro sentido y de los procedimientos más "experimentales" que permite, una cuestión de "máquinas abstractas" o lógicas de otra especie, que nada tiene que ver con las computadoras. Deleuze piensa que los filums de la información y la biotecnología pueden brindar nuevas posibilidades que no están ya atadas a las nociones del Hombre o de Dios que habían servido antes par entender el sentido de la "máquina" o la "tecnología".[83]

– 7 –

¿Qué es una "máquina pensante" o un "autómata espiritual"? En algún sentido se trata de una cuestión ya antigua, como lo indica, por ejemplo, el hecho de que Foucault intentara reconstruir el pensamiento ético o práctico de la antigüedad en términos de "tecnologías del yo". Pero Alan Turing le dio nuevo impulso cuando propuso la teoría de lo que se puede calcular en un número finito de pasos usando cualquier método. Contribuyó a inaugurar una visión de la mente como programa de computadora que luego daría origen a esa suerte de "neurociencia cognitiva" en la cual confluyen hoy un cableado cerebral y un darwinismo que habla de aptitudes y destrezas. La imagen que tiene Deleuze de las relaciones entre el pensar y la vida es desde luego muy diferente de la de ese darwinismo cognitivo, diferencia que se revela en las cuestiones de "procedimiento" o de "técnica" relativas al modo en que el pensar se vincula con la vida. Para él, el sentido y la lógica del pensar no tienen carácter computacional, y por eso plantea una visión distinta de la "máquina" pensante. Lo que él llama "máquina abstracta" no es una máquina de Turing; funciona de otra manera y tiene otra relación con nuestro cuerpo y nuestro cerebro, o con lo que en un lugar llama "el cerebro vivido". Una máquina abstracta es, en cambio, el "diagrama de un ensamblamiento" en el cual las computadoras y los cálculos pueden desde luego figurar junto con nosotros.

Las objeciones filosóficas a la "IA fuerte" (que sostiene que la mente es sólo el programa de cómputo del cerebro) discrimina entre operaciones mentales y las correspondientes

[83] F, págs. 139-141.

72

simulaciones en computadora, si bien al elaborar esta diferencia, dichas objeciones a menudo recurren a posiciones más o menos fenomenológicas sobre nosotros y nuestro mundo. Deleuze quiere ir más allá de esos supuestos: a diferencia de los enfoques de la *Gestalt*, por ejemplo, imagina que el cerebro opera en un universo incierto e indeterminado para el cual la teoría de Bergson es muy adecuada porque en ella el problema no reside en la conciencia sino en lo que el cerebro debe ser para que sea posible el tipo de "duración" que rompe la sucesión empírica del tiempo y de la memoria psicológica.[84] Pero Bergson desenvolvió sus ideas en torno al "sentido" de "automatismos" mecánicos y mecanísticos, y no informáticos, de modo que surge un interrogante: ¿podemos hacer con respecto a "lo cognitivo" lo que Bergson hizo con respecto a "lo mecánico" cuando propuso una noción del cerebro que ya no estaba subordinada al arco reflejo, capaz de incorporar en el intervalo entre estímulo y respuesta un modo de ver para el cual no hay respuesta "automática"? ¿Podemos hacer con respecto a los dispositivos digitales lo que hicieron Man Ray, Jarry y Tinguely con respecto a los mecánicos cuando inventaron procedimientos extraños para poner de manifiesto un sentido del tiempo y del espacio anterior a las operaciones mecanizadas?[85] Nos aproximamos así a la cuestión de las "máquinas abstractas".

La cuestión ya se puede encontrar cuando se plantea en la filosofía clásica el tema del mecanismo y de la mente: en Descartes con la noción de los "pensamientos" y su relación con el cuerpo contemplado como una especie de autómata, y también en La Mettrie. En Leibniz y Spinoza, Deleuze ve una alternativa a lo planteado por Descartes, en la que se contempla la mente y el cuerpo como "expresiones" ambos de algo en la vida que es anterior a la definición que demos de ellos: en realidad, algo anterior a la distinción entre naturaleza y artificio. Así, en lo que ha dado en llamarse el "paralelismo" de Spinoza, Deleuze descubre su lógica del "Y" predicativo: lógica de una "filosofía práctica" de la mente *y* del cuerpo, en la cual la mente está "a la par" del cuerpo en lugar de estar

[84] En QP, págs. 196 y ss., Deleuze esboza una noción del cerebro que no sólo se aparta de la clásica "lógica de reconocimiento" de objetos, sino también de la *Gestalt* y de las nociones fenomenológicas que se oponían a ella. Deberíamos en cambio imaginar un cerebro "no objetivizable", cuyas condiciones de posibilidad podrían iluminarse mediante la microbiología.

[85] Véase "Bilan-programme" en AO, págs. 463 y ss. Sobre Alfred Jarry y Heidegger, véase también CC, págs. 121 y ss.

"por encima" de él, dando órdenes y recibiéndolas, como ocurre en la voluntad cartesiana.[86] El problema del "autómata espiritual" se convierte así en el de cómo abordar la "esencia singular" que cada uno de nosotros expresa en la mente y en el cuerpo como *conatus* o deseo particular. Ese es, pues, el tipo de cuestión que Deleuze se empeña luego en abordar cuando adopta la terminología de Guattari de las "máquinas deseantes", máquinas que "expresan la vida" mediante "construcciones", mediante las conexiones o síntesis de la "lógica del sentido" de Deleuze. Así, las máquinas deseantes no son mecanismos y no deben entenderse haciendo una analogía con mecanismos o "automatismos" mecánicos. "Cortan y conectan" con otra lógica y otro sentido, y funcionan perdiendo el control o fracasando, y comenzando de nuevo. Pero si esas "máquinas deseantes" que somos cada uno y todos en conjunto no son mecanismos (y no se les parecen), tampoco se parecen a un programa cognitivo de aptitudes que pueden someterse a prueba y que están determinadas genéticamente, afinadas por la supervivencia de los más aptos. Una máquina deseante no es una máquina de Turing y, en efecto, tenemos que modificar la pregunta que formuló Turing y preguntarnos cómo participan las máquinas de Turing en el funcionamiento de las máquinas deseantes, o en los ensamblamientos más vastos y más laxos que ellas construyen. Deleuze se acerca a una pregunta similar en las últimas páginas de su estudio sobre el cine, en las cuales habla del reemplazo de la naturaleza por la información en las imágenes y los signos de la sociedad moderna. Los problemas que el cine planteó con respecto al "movimiento" y el "tiempo" se mantuvieron en buena medida dentro de un talante "mecánico" (por ejemplo, el de Fritz Lang) mientras que el talante "informático" fue formulado por Kubrick, Godard y luego por Syberberg. Si pensamos al propio cine como una suerte de "autómata espiritual", o "psicomecánico", vemos que la idea de una máquina puramente lógica siempre estuvo acompañada por los correspondientes "automatismos psicológicos" del tipo de los analizados por Pierre Janet. Porque la idea de la mente o del pensamiento regulado exclusivamente por sí mismo, internamente, tiene sentido sólo cuando se ha eliminado su relación con un "afuera". De hecho, el pensar nunca es "automático" en este sentido; por el contrario, funciona a trancas y barrancas, en relación con "choques" imprevisibles

[86] Véase D, págs. 59 y ss.

74

que lo conmueven y lo obligan a pensar de manera novedosa. Precisamente, las imágenes-tiempo del cine nos muestran ese funcionamiento del pensamiento (y por consiguiente del cuerpo y el cerebro). Si el pensar es una "máquina", su lógica está vinculada con un afuera tal como éste se expresa en el cuerpo y el cerebro, y el problema entonces consiste en reinventar sus operaciones en un mundo que cada vez más reemplaza la naturaleza por información. Es que hay todo un nuevo tipo de entrenamiento de la mente (y, en particular, del ojo) que va de la mano de estas novedades y que termina en una especie de "estupidez" informática o comunicacional que el pensamiento debe combatir, y de la cual debe huir. Porque el pensar siempre está dirigido contra los poderes que cercenan o bloquean sus ramificaciones y complicaciones. Tiene que ver con poderes de otro tipo: con la *potentia* en lugar de la *potestas*, con la *puissance* en lugar de los *pouvoirs*.

– 8 –

La lógica de Frege era una lógica de "leyes del pensamiento". En contraste, se puede decir que Deleuze aspiraba a una lógica de lo que él mismo llama, remitiéndose a Spinoza, los poderes –las *puissances*– del pensamiento, que son cosas peculiares. Para empezar, tienen que ver con algo similar a lo que Blanchot denominó un *impouvoir*, una "impotencia" necesaria para el pensar que éste jamás supera. Alcanzar las "potencias del pensamiento", por consiguiente, consiste en perder la suficiencia y el empaque filosóficos a través del encuentro con algo que conmueve el pensamiento, lo complica, reformula sus reglas. El humor de lo "imposible" en Kafka, por ejemplo, cumpliría esta función, muy distinta de la libertad radical de la aserción en Frege, después de la cual todo se vuelve lógicamente necesario. Deleuze habla de otra experiencia, otra concepción de lo posible, lo imposible y lo necesario. Las *puissances* obedecen a una lógica distinta que los *pouvoirs*, una "modalidad" o "temporalidad" diferente.

Según Deleuze, Aristóteles se inclinaba a encerrar, por así decirlo, la idea de poder dentro de una lógica de "leyes del pensamiento". En su vasto esquema de categorías o metafísica, la *dynamis* estaba vinculada con la *energeia*, la *potentia* con lo *actualis*, lo que planteó finalmente dificultades cuando se intentó incorporarlo a una teología cristiana en la cual la creación partía de la nada. Deleuze prefiere la cosmología de Whitehead, en la cual se habla de una "creatividad" que precedería a esas categorías y a las leyes que se fundamentan en ellas, capaz de generar novedad. Esta idea le permite tener otra perspectiva de la teodicea de Leibniz. Se ve arrastrado al problema de lo futuro contingente en Aristóteles y la nueva utilización que Leibniz hace de él, y así comenzamos a ver la inflexión de la noción de "poder" hacia la de "virtualidad", que Deleuze tomará de Bergson y hallará en Proust. Así, a través de un cambio en la concepción del tiempo y la temporalidad, la idea de *"potentia"* escapa del esquema hilomórfico, se filtra a través de la malla de especies y géneros, y descubre devenires extraños cuya actualización ha sido liberada de toda finalidad. En lugar de la pirámide de mundos posibles de Leibniz, tenemos algo que se parece más al jardín de senderos que se bifurcan de Borges. Leibniz pensaba que el mejor de los mundos posibles era "armonioso" y permitía una diversidad máxima de leyes simples. Pero debemos ver esa armonía en términos de una posibilidad de "disonancia" que congrega diferencias: muchas ciudades, y siempre otra ciudad en la ciudad, según dice Deleuze en algún lugar.[87] Sólo entonces advertimos la fuerza plena del principio de Leibniz de que el mundo mejor es el que tiene mayor virtualidad, sólo entonces podemos librar a esa idea de su persistente salvacionismo barroco (que aparece en Leibniz encarnado con el tema de los salvados y los condenados) y hacer de ella la materia "pragmática" del experimento y la invención. A medida que la idea de los "poderes" se libera de la actualización en categorías de tipo aristotélico o leyes, y se transforma en cuestión de un tiempo o una temporalidad múltiple o complejo, irreductible a cualquier "movimiento" ya dado en el tiempo, cobra una nueva relación con el pensamiento, con su lógica y su actividad, se transforma en

[87] LS, págs. 203 y ss. Deleuze dice que el perspectivismo monádico de Leibniz supone una convergencia, diferentes puntos de vista sobre la misma ciudad. Por el contrario, en el perspectivismo de Nietzsche, hay en cambio una "divergencia", y cada punto de vista es como otra ciudad vinculada con las demás mediante diferencias, de modo que "siempre hay otra ciudad en la ciudad". Análogamente, a diferencia de las mónadas "sin puerta ni ventana" de Leibniz, las "prehensiones" de Whitehead son todo ventanas, por así decirlo. En PLI, Deleuze describe la mónada como algo minimalista y la compara con un auto que avanza de noche por una carretera y sólo cuenta con sus faros para iluminar el mundo.

esa cuestión que Deleuze llama "el tiempo que lleva pensar". En lugar de un problema de leyes del pensamiento, nos encontramos con el de la *afirmación* de los poderes del pensamiento. Porque "afirmar la vida" jamás es afirmar una proposición o una tesis sobre la vida; por el contrario, es comprometerse en otro estilo de pensar que nada afirma: en consecuencia, afirmar es quitar peso, "aligerar", alcanzar la "inocencia" de otras posibilidades.

La lógica de Deleuze no es por lo tanto una lógica de "creencias justificadas" o de "lo que se puede afirmar con garantías". Como en James, tiene que ver, más vale, con llevar la cuestión de la creencia más allá de las convicciones del conocimiento o de la fe, a lo que Deleuze llama una "creencia en el mundo". Este problema ya se planteó en Hume, cuando este filósofo intentó reemplazar no sólo la certeza cartesiana por la creencia probable sino también vincularla con un sentido del yo y del mundo anterior a la religión. De este modo, Hume se adelanta al problema de la "conversión empirista" que Deleuze encuentra en Kierkegaard (en el protestantismo) y en Péguy (en el catolicismo) cuando, acompañando a Pascal, reemplazan la creencia en Dios por los modos de existencia del creyente y del no creyente.[88] Es que la creencia no es en primera instancia cuestión de afirmar o negar proposiciones, ni siquiera de la legitimidad con que se las afirma o se las niega. Como bien lo sugiere el lenguaje "fiduciario" que se utiliza para la fe, es cuestión de un "crédito" o "confianza". En este sentido, por ejemplo, Deleuze dice que lo interesante del pragmatismo norteamericano es el intento de incorporar el tema del "crédito y la confianza" pero despojado ya de cualquier salvacionismo. Así, en la imagen de pensamiento correspondiente, se reemplazaría la figura del juez por la de un experimentador que comienza a moverse en un mundo en relación con un yo, ninguno de los cuales está jamás dado o "condicionado" sino que está haciéndose.[89] ¿Qué significa entonces "dar crédito" al mundo o "tener confianza"

[88] DR, págs. 126 y ss. Véase QP, págs. 71-73, donde Deleuze dice que hoy nuestro problema consiste en inventar una nueva *persona* para que nuestra creencia en el mundo se restaure a través de una "conversión empirista".

[89] En CC, págs. 111 y ss., Deleuze dice que el problema que plantea el pragmatismo en cuanto a lo que debe ser la comunidad humana para que la verdad sea posible es en el fondo una cuestión de verdad y de confianza. El tema de la *"confiance"* (crédito, confianza) en el pragmatismo de William James fue expuesto por David Lapoujade, *op. cit.*

en él sin conocimiento y sin fe, antes de cualquier doctrina o proposición que se "considere" verdadera? Una manera de verlo es plantear la pregunta opuesta: qué significa perder esa confianza. Vemos entonces que el mundo y nosotros mismos aparecemos como "falsificaciones", de un modo que Deleuze ve dramatizado no sólo en Nietzsche sino también en la ficción, con el protopragmático Herman Melville y, en el cine, con Orson Welles.[90] Nietzsche le da el nombre de "nihilismo" a ese estado, en cuyos términos se orientaría la cuestión de la "afirmación" o de decir "sí". En otras palabras, la afirmación exige una creencia en el mundo y en lo que pueda aún brotar en él, más allá de lo que podemos afirmar "con garantías". En *Différence et répetition*, Deleuze formula el problema en términos de una relación original con el futuro, de una "creencia del futuro, en el futuro".[91] Es cuestión de incorporar en nuestra visión de nosotros mismos y del mundo ese sentido de lo que ha de venir, de lo extemporáneo más que de lo eterno o lo transiente; es cuestión de rescatar ese tiempo –o la creencia en ese tiempo– del pensamiento místico o religioso, que todavía lo impregnan en Kierkegaard y en Péguy, y volverlo en cambio "mundano" o experimental. Y es en este punto donde la lógica de la multiplicidad de Deleuze se torna inseparable ya de una afirmación de la vida.

---

[90] Sobre la figura del "falsificador" en Nietzsche, Melville y Welles, en situaciones en las cuales uno debe creer sin poder determinar antes lo que es verdadero y lo que es falso, real o irreal, véase C2, págs. 173 y ss. Sobre el rol de la "falsificación" entre las *dramatis personae* de Zaratustra y su relación con el nihilismo, véase "Nietzsche" en PI.

[91] DR, pág. 122.

V. VIDA

– 1 –

La multiplicidad no es simplemente una cuestión lógica sino también práctica, pragmática, algo que tenemos que hacer o construir, y aprender construyendo: "*Le multiple, il fault le faire*", dicen Deleuze y Guattari al comienzo de *Mil mesetas*.[92] Hay una "pragmática" del *sens* para la que Deleuze propuso una lógica muy distinta del estudio de la indexicalidad, los performativos y las pre-suposiciones, las políticas de las "lenguas menores", de la cual el habla vernácula de los afroamericanos es un excelente ejemplo. Porque la pragmática surge como dimensión original del lenguaje exactamente cuando el elemento de *sens* se libera del *Sinn* público: para inventar una "lengua menor", por ejemplo, uno debe apartarse de las nociones de lo público y lo privado que están arraigadas en los modelos "mayoritarios" de habla estándar. En lingüística, por el contrario, la pragmática sigue atrapada en una sintaxis o lógica o estructura estandarizada, es cuestión de la "actuación" de una "competencia" inscripta en nuestros genes.[93] Pero la cuestión que plantea la "pragmática de lo múltiple" radica más bien en cómo debe ser nuestro cerebro si puede reconfigurarse siempre para permitirnos hablar de manera nueva, no cristalizada.

La pragmatica de las "lenguas menores" está inserta en Deleuze en una "filosofía práctica" más vasta porque las multiplicidades que hemos de construir son preexistentes a

[92] MP, pág. 13.
[93] MP, págs. 95 y ss.

79

nosotros como individuos y a los grupos sociales dados; son anteriores a las divisiones "molares" de la sociedad, a nuestra idea misma de "persona" o de "sujeto". En otras palabras, la idea de multiplicidad (y el momento de su actualización o invención) debe incorporarse a la concepción misma que tenemos de nosotros, de nuestro mundo y de los distintos "pueblos" que integramos: sólo así advertimos su fuerza plena como "problema práctico". Pensar en términos de multiplicidades en lugar de identidades –hacer o construir multiplicidades– nos exige volver a pensar todo un abanico de conceptos, prácticas sobre la persona, la acción y la creencia. Sólo así podemos comprender los principios fundamentales de la filosofía práctica de Deleuze sobre esos momentos que plantean problemas, exigen pensar y en los cuales el pensar interviene, la hora peculiar de cuestiones para las cuales no preexiste una respuesta automática o habitual ni un programa o proyecto previo, ni siquiera un lenguaje aceptado ni una descripción o juicio: lo que debemos experimentar para ver, experimentando con nosotros mismos. Sólo entonces advertimos el problema práctico de hacer visible y pensable lo que es "inatribuible" y nuevo en lo que nos acontece y, así, en lo que nos acaeció o puede acaecernos. Porque en Deleuze, como en Spinoza, un problema de lógica ("¿qué es una multiplicidad?") se transforma en un problema "práctico" de la vida ("como construir una multiplicidad") y, por consiguiente, en un problema político, un problema de la "ciudad".[94]

Pensar en uno mismo y pensarnos mutuamente como "múltiples" o "compuestos por multiplicidades" no es imaginar que tenemos muchas identidades o yoes distintos (personalidades, módulos cerebrales, etc.). Por el contrario, es dejar de comprendernos en términos de identidad e identificación, o como personas o yoes bien diferenciados, por muchos que seamos o "disociados" que estemos. Significa que jamás estamos totalmente divididos en especies, razas o géneros "puros", que nuestra vida nunca puede reducirse a una "individualización" de ninguna clase o tipo puro. Antes de estar situados en ninguna especie o estrato o clase, integramos una suerte de masa indefinida o multitud,[95] así como

[94] Para Deleuze, las "nociones comunes" de Spinoza no deben confundirse con los universales abstractos; son "ideas prácticas" que hacen de su *Etica* una especie de arte experimental del vivir.

[95] Antonio Negri elabora la noción de "multitud" de Spinoza con esta orientación en *Savage Anomaly: Power of Spinoza's Metaphysics and Politics*, trans. M. Hardt (Minnesota, 1991).

80

antes de cualquier estándar o modelo "importante" de identificación o reconocimiento, cada uno de nosotros tiene su "minoría", su "devenir". La multiplicidad no es diversidad y su construcción exige otra concepción de la Vida, como si por debajo de la "segunda naturaleza" de nuestra persona e identidad, hubiera una Vida potencial anterior, capaz de congregarnos sin abolir nuestra singularidad. Por eso Deleuze admira a Gabriel Tarde, sociólogo de las diferencias "preindividuales" que se contraponen al "hecho social total" de Durkheim y a la "anomia" de no pertenecer a él. Oposición análoga a las nociones de "manada", "muchedumbre" y "psicología de masas" en Elías Canetti.[96] Más en general, con la noción de multiplicidad Deleuze se propone tomar distancia de una sociología fundamentada en oposiciones tales como individuo y sociedad, *Gemeinschaft* y *Gesellschaft*, modernidad y tradición, para plantear otro tipo de cuestión. Integrar "manadas" en lugar de "muchedumbres", establecer "diferencias" donde sólo hay identidades molares o mayoritarias, actualizar nuestras potencialidades como multitud indefinida... en cada caso el problema consiste en crear agenciamientos (*agencements*) en el espacio y el tiempo, en los cuales nos relacionamos con nosotros mismos y entre nosotros sin subordinarnos a la identidad o la identificación, lo imaginario o lo simbólico, ni siquiera al autorreconocimiento de clases.

La multiplicidad arrastra así a Deleuze a un nuevo problema político, mejor dicho, a una nueva manera de plantear el problema de "lo político". Deberíamos juzgar a los regímenes políticos (incluso a los democráticos) por el espacio que dan a las "multiplicidades" y sus "individuaciones", para el tiempo de "una vida". Pero para hacerlo, es necesario que volvamos a pensar el espacio y el tiempo de la política en otros términos que los de una república anterior o futura, o de un contrato

[96] Deleuze considera que Gabriel Tarde fue el inventor de la "microsociología" (DR, pág. 104, nota 1). La noción de "micro" supone una noción de "masa" (o "multitud") anterior a la clase (véase MP, págs. 267 y ss.), que demanda una lógica más leibniziana que hegelo-marxista, como ocurre también con Foucault cuando habla de "micropolítica" o, más tarde, de proceso de "subjetivización". Sobre la discriminación que hace Canetti entre "manadas" y "muchedumbres", especialmente con respecto al movimiento de las "masas" en las ciudades, véase MP, pág. 46 y ss. Más en general, para Deleuze una sociedad no está definida por sus contradicciones de clase sino por las "líneas de fuga" que ponen de manifiesto el potencial de las "masas" indivisas aún en clases diferentes, como las líneas de subjetivización del "proletariado" urbano del último siglo y las problematizaciones que generaron.

81

original: "otra política, otra individuación, otro tiempo".[97] Así, Deleuze describe en *Cinema 2* cómo la evolución de las masas hacia la conciencia en un Partido queda reemplazada por la andadura del espacio y el tiempo de minorías que los intelectuales ya no pueden "representar" porque ellos mismos deben transformarse como parte de ese devenir.[98] A partir de aquí surgen en la ciudad europea de posguerra nuevas maneras de hacer un mapa del espacio y del tiempo, como antes, por ejemplo, ocurrió con la geografía trazada por la "literatura menor" en la Praga de Kafka.[99] Más en general, Deleuze contrapone "la ciudad" al "estado" en la concepción tradicional de lo político, como si el problema de la multiplicidad y de su tiempo fuera fundamentalmente una cuestión urbana, una cuestión de cerebros y ciudades.[100] Así, el gran arte industrial –el cine– ayuda a Deleuze a sacar la "gaya ciencia" de Nietzsche de los paisajes alpinos y de la Selva Negra del antiurbanismo de Heidegger para transformarla en un arte de la ciudad, de su artificio y su "modernidad".[101] Aun dentro de las estratificaciones y segmentaciones del París decimonónico, podemos advertir en Proust el incipiente "tiempo complicado" de un pueblo-por-venir, anterior incluso a las "burdas categorías estadísticas" del sexo y el género.[102] Porque las "líneas" que forman nuestra vida son siempre más complicadas y más libres que las "segmentaciones" más o menos rígidas que la sociedad intenta imponer, de modo que pueden utilizarse para delinear o "diagramar" otros espacios, otros tiempos de vida.

[97] D, págs. 125-126. Este fragmento aparece algo modificado en MP, pág. 254 y ss. El problema de "otro tiempo" en la política es cuestión de potencial o posibilidad. Véase François Zourabichvili, "Deleuze et le possible (de l'involuntarisme en politique)" en *Gilles Deleuze: une vie philosophique* (Institut Synthélabo [PUF], 1998), págs. 335 y ss. Es una cuestión de diagrama y diagnóstico de la "individuación" de fuerzas nuevas. En este sentido, la política se transforma en materia de experimentación con aquello para lo cual no hay teoría ni ciencia preexistente.

[98] C2, págs. 281 y ss.

[99] K, págs. 29 y ss.

[100] Con respecto a la ciudad y al estado, véase MP, págs. 539 y ss. Lo que se dice en este fragmento aparece a su vez vinculado con la cuestión de la violencia en MP, págs. 558 y ss.

[101] Sobre la falta de "ciudades suficientemente desterritorializadas" en la formación de la moderna filosofía alemana, véase QP, pág. 99.

[102] MP, pág. 32.

Por consiguiente, el problema de "hacer" o "construir" multiplicidades es un problema de vida, de "una vida" según dice Deleuze, una vida no definida[103] que no debe confundirse con "la vida" del individuo en cuestión. Se trata de una potencia o una virtualidad que excede nuestra especificación como individuos particulares; por eso mismo, jamás somos individuos plenamente "constituidos" o "acabados" y nuestras relaciones recíprocas aún pueden circular a través de los segmentos que dividen nuestra vida. Según Deleuze, ésa es la fuerza del "problema de la subjetividad" formulado por Hume: nuestro yo y nuestra "identidad" no son algo dado; de hecho, la propia idea de "el yo" es una suerte de ficción filosófica. Nuestra relación con las multiplicidades y con el momento de su actualización es, en consecuencia, de un tipo muy distinto de la que vincula a la memoria y la "identidad personal", y a través de la cual Locke intentó definir la "conciencia".[104] De hecho, la cuestión de las "imágenes-tiempo" en *Cinema 2* consiste en mostrar que las multiplicidades figuran en nuestra vida precisamente cuando su tiempo queda liberado a la vez de la memoria psicológica y de la causalidad lineal y, por ende, de la "conciencia". Así, estamos situados –o nos "movemos"– con respecto a las multiplicidades de modo muy distinto del que utilizamos con las identidades o identificaciones conscientes. Si bien nos arrancan de nuestro "yo" o nuestra "persona", en otro sentido son lo más peculiar a nosotros y de nosotros. Porque "una vida" siempre es singular. Está compuesta por "singularidades" "preindividuales" o "subindividuales" que luego se vinculan con otras en un plan o "plano" impersonal, como el sujeto tácito de "llueve", que es condición de la singularidad de una vida. Las multiplicidades siempre nos preceden en nuestra calidad de yoes constituidos o

---

103 Véase "Inmanence: a life" en PI.

104 Etienne Balibar atribuye la "invención de la conciencia" a Locke, y no a Descartes (John Locke, *Identité et différence*, introducción de Etienne Balibar, Seuil, Paris, 1998). El "inconsciente" de Deleuze puede entenderse entonces en contraposición a la persona o el yo de Locke, según las "imágenes-tiempo" del cine, que se apartan de la memoria consciente y la sucesión empírica de una persona o agente e incorporan otro juego "impersonal" en la noción de "personaje". Rorty también propone ver al pragmatismo como contrapuesto al clásico "velo de las ideas" sin llegar, no obstante, a esa suerte de "inconsciente impersonal" que Deleuze concibe en su "pragmatismo de las multiplicidades".

personas conscientes y, sin embargo, de ellas y de sus otras posibilidades nos decimos mutuamente que son el otro, el *autrui*:[105] así, por ejemplo, siempre necesitamos "intercesores" para abrir caminos nuevos o trazar nuevas líneas en nuestra vida.[106] Nuestra vida debe ser suficientemente no definida o vaga para incluir ese potencial de otros mundos de predicación o individualización, y complicarse así con otros que jamás "se explican" del todo. De modo que la vaguedad de "una vida" no es una deficiencia que hay que subsanar sino un recurso o una reserva de otras posibilidades, nuestras conexiones. En efecto, es precisamente por vaga e inespecificada que "una vida" es en potencia lo más peculiar o singular de nosotros, lo que hace de nosotros, en palabras de Spinoza, "esencias singulares". Lo que es "peculiar a nosotros" sin ser "particular de nosotros", entonces, no es algo personal o consciente sino, por el contrario, algo inatribuible, imprevisible en nuestro estar siendo y en nuestro estar juntos.

Así, por ejemplo, tomando un término acuñado por Duns Escoto, Deleuze habla de "haecceidad", es decir, de una "individuación" que no es "individualización", no es la especificación ni la instanciación de nada, como esas singularidades que Gerard Manley Hopkins llamaba también "haecceidades" en su poesía. Puede ser un momento del día, un río, un determinado clima, un instante extraño durante un concierto: no algo que pertenece a una clase sino la individuación de algo que no pertenece a clase alguna pero que, aunque perfectamente individuado, conserva su indefinición, como si evocara algo "inefable". En realidad, una vida está compuesta por muchos instantes de esta índole, que contribuyen a hacerla singular. Se trata de ese tipo de acontecimientos que sobrevienen como las "olas" de Virginia Woolf, retazos de experiencia que no calzan en una prolija unidad narrativa y por eso deben combinarse de otra manera. Y el hecho de que el tipo de síntesis abierta o "Y" que los amalgama sea irreductible al "Es" de los atributos y las identificaciones se pone de manifiesto, precisamente, en el modo en que las imágenes-tiempo del cine consiente espacios de interrelación anterio-

[105] Deleuze desarrolla una concepción de *autrui* como "expresión de un mundo posible", apartándose de Sartre, quien todavía hablaba de sujeto, objeto y el fútil "reconocimiento". Véase LS, pág. 360, nota 11. Este concepto va más allá de lo que lo Leibniz (y la escuela de lógica modal) pensaban de un mundo posible, y también de la visión de Wittgenstein de la expresión del dolor. Véase QP, págs. 22 y ss.

[106] PP, págs. 165 y ss.

84

res a la memoria psicológica o la causalidad lineal, como también sucede con los "bloques de sensación" de la pintura que preceden a las figuras o a las narraciones nítidas. Tales incidentes, y las olas o bloques a través de los cuales aparecen en nuestra vida, son, como se ve, "impersonales". Nos preceden en cuanto sujetos o personas y, sin embargo, siempre se "expresan" en nuestra vida. Incluso una muerte debería pensarse como algo singular en este sentido, algo que entraña una "impersonalidad" que ninguna "generalidad" puede abarcar, como cuando decimos: "se muere".* Por ese motivo, Deleuze llama la atención sobre el análisis de Foucault acerca de las consecuencias de que Bichat haya incorporado a la concepción médica de la muerte la idea de un estilo personal,[107] y propone ver en la "indiferencia" estoica ante la muerte algo afín a la "neutralidad" de Blanchot, un tipo de suceso que nos exige estar a su altura.[108] Incluso al morir el problema consiste en extraer una "impersonalidad" vital de aquello que nos complace pensar de nuestra "persona" o "yo" como, por ejemplo, ocurre en ese momento entre la vida y la muerte que, según Deleuze, Dickens describe en uno de sus relatos.[109]

Alcanzar la "impersonalidad espléndida" de las singularidades que nos preceden en cuanto personas conscientes demanda una peculiar lógica de la gramática de la descripción, que no proviene de la indexicalidad pública ni de las habituales "personas" del discurso, y que Deleuze compara con eso que Lawrence Ferlinghetti denominó "la cuarta persona del singular", que nadie usa y de la cual nadie habla, pero que subsiste no obstante en todo lo que se dice. A esta persona verbal propone ver Deleuze en lo que Foucault llamó el "anonimato" del discurso, el "on dit" de les choses dites, el "se dice" o "murmullo anónimo" anterior a las regularidades o procedimientos que incorporan al discurso posiciones de sujeto, objetos reconocibles, posibles valores de verdad, y que expone lo que se puede decir a "acontecimientos" que ni la

---

* Deleuze dice: "Il y a toujours un 'on meurt' plus profond que le 'je meurs'". (N. del T.)

[107] Sobre la importancia de Bichat en el pensamiento de Foucault, véase PP, pág. 150. La exposición de Foucault acerca de encontrar un "estilo singular" para morir convierte a Bichat en la fuente de Freud y de Heidegger. Véase The Birth of Clinic (Tavistock, 1973), págs. 140 y ss.

[108] Sobre los problemas de la singularidad y la impersonalidad de la muerte, véase LS, págs. 177 y ss., y DR, págs. 148 y ss.

[109] "Immanence: a life", en PI.

lógica ni la lingüística ni la teoría del acto de habla pueden reducir jamás. No siempre es fácil alcanzar ese murmullo no personalizado que exige una especie de ejercicio filosófico "despersonalizante" o "desubjetivizante", eso que Foucault hubo de llamar en sus últimos escritos un "déprise de soi" (un desprenderse de sí mismo).[110] En tales casos, la impersonalidad no es alienación ni "falta de autenticidad" por parte de *das Man* sino, por el contrario, la condición de la singularización, una iluminación de la vida y sus posibilidades. No es una generalidad que hace tabla rasa con las diferencias sino una condición que libera la diferencia de las determinaciones del hábito, la memoria, la rutina y los procederes de reconocimiento e identificación que nos atrapan, abriéndonos así otras posibilidades vitales.

Se puede ver el mismo tema en el enfoque de Deleuze de lo banal, lo rutinario, lo que es reproducible mecánicamente en el arte moderno, en Warhol, Becket, Robbe-Grillet.[111] A esa banalidad él no opone la exclusividad de un objeto puro o "con aura" sino una suerte de "impersonalidad" que tiene otra lógica, visible en las pequeñas diferencias que Warhol incorporó a su serie de imágenes estandarizadas o comerciales. Así, la cuestión se transforma en el problema de "singularizar" ambientes estandarizados, incluyendo en ellos –mediante la variación "continua" y no "discreta" del lenguaje matemático que Deleuze adopta– una variabilidad para la cual no hay "invariantes" o modelos estándar. De este modo, Deleuze se propone llevar el análisis del azar y los "automatismos" más allá de los dispositivos surrealistas hacia una discriminación entre azar y probabilidad. Por ejemplo, entiende que

[110] Michel Foucault, The Use of Pleasure, pág. 11.
[111] Véase, por ejemplo, DR, págs. 374-376. El tema del "simulacro" en DR (cf. LS, págs. 292 y ss.) no debe confundirse con el uso "posmoderno" que hace Baudrillard de este término. En particular, supone una relación distinta con lo "cotidiano", no fundamentada en la teoría de la alienación, que recorre todos los escritos de Deleuze (como se puede apreciar en el énfasis que pone en las pequeñas diferencias de las series de Warhol, y no en su identidad). Lo vemos no sólo en el concepto de las "máquinas" dadaístas (y el desacoplamiento de la recurrencia) sino también en la exposición sobre el cine. La cuestión de las "ceremonias de espera" en el cine de Warhol (C2, págs. 249 y ss.), por ejemplo, corresponde a un análisis más amplio no sólo del "gestus" sino también del propio cine como una suerte de "autómata" (véase C2, págs. 342 y ss.). Si la obsesión es la "patología" de la repetición mecánica (D, pág. 371), tal vez las "deficiencias cognitivas" del cerebro-computadora sean las de una era de autómatas informáticos.

86

el hecho de que caiga un alfiler sobre un lienzo es una cuestión de probabilidad y no de azar.[112] Pero es precisamente ese azar (y no la probabilidad) lo que caracteriza "una vida". Así, Deleuze distingue entre la persona "media" o "normal" y una persona no definida, una suerte de "cualquiera": la primera es una entidad estadística; la segunda, un potencial vital. Foucault había emprendido el estudio del vasto cuadro "biopolítico", en el cual surgió la idea de la norma estadística junto con muchas de las categorías que utilizábamos para describirnos de modo que, por ejemplo, el varón medio, blanco adulto y heterosexual se transformó en una identidad normal o "mayoritaria", y todo lo que se desviaba de ella era tildado de "anormal". En vez de "anormalidades", Deleuze habla de "anomalías" que expresan fuerzas peculiares de una vida o de un "cualquiera". Las anomalías, dice, son los "bordes" de una individuación y diagramar las líneas de las individuaciones es trazar un "plano de vida" que incluye el azar de las anomalías y no la probabilidad de desviaciones de una norma.[113] Deleuze piensa que en cualquier cosa que merezca el nombre de "literatura" hay un intento de expresar "individuaciones" impersonales y esbozar su participación en nuestra vida y en uno de sus últimos ensayos declara que "la literatura se plantea [...] sólo encontrando el poder de un impersonal por debajo de las personas aparentes, algo que no es una generalidad sino una singularidad del más alto grado: un hombre, una mujer, un animal, un estómago, un niño [...]".[114] Incluso podemos pensar en la "vaguedad" de Adán en el Jardín del Edén, en este sentido que da cabida al azar de las "individuaciones", o podemos pensarlo como "cualquiera" en lugar del "primer hombre". Así creía Deleuze que Leibniz había comenzado a imaginarlo en pasajes que, si los hubiera

[112] FB, págs. 60 y ss. El "problema de lógica pura" que, según Deleuze, descubre la pintura por sus propios medios, el problema del "hecho pictórico" (pág. 102), está vinculado con esta cuestión de azar o posibilidad estéticos. Sobre la diferencia entre azar y probabilidad, véase N, pág. 29 y ss. y DR, págs. 361 y ss.

[113] MP, págs. 298 y ss. Deleuze consideraba que la introducción que escribió Foucault sobre la vida de hombres infames era una pequeña obra maestra: "Es lo opuesto de Georges Bataille: el hombre infame no se define por un exceso de maldad sino, etimológicamente, como el hombre común [...]. Ser un hombre infame era algo así como un sueño de Foucault, su sueño cómico, una risa para sí [...]" PP, págs. 146-148.

[114] CC, pág. 13. Sobre la relación entre esta "indefinición" con el "devenir-niño" en la filosofía de Spinoza, véase MP, págs. 313 y ss.

87

desarrollado, habrían logrado liberar su idea de la "composibilidad" del "perfeccionismo" armonioso y de ese resabio salvacionista que todavía la cercaba.[115]

– 3 –

El inconsciente es "impersonal" de esa "espléndida" manera. Está constituido por multiplicidades que nos preceden como personas conscientes, exige una "pragmática" o *agencement* que no se sustenta en los pronombres personales como "yo" o "nosotros". "¡Qué error haber hablado jamás de 'el ello'!", exclaman Deleuze y Guattari en la primera página de su primer libro en común, *El Anti Edipo*; es mejor hablar de distribuciones de energía "aquí y allá" (*ça et là*). En *Diferencia y repetición*, Deleuze había intentado llevar la concepción freudiana del inconsciente por ese camino, vinculándola con su idea de "series" y sus "virtualidades". Por ejemplo, hablaba de los "objetos parciales" del cuerpo libidinal como "focos de virtualidad" que trazan sendas extrañas en la trama de una vida, algo que debemos atravesar "viviendo", una repetición que complica, irreductible a la memoria consciente.[116] Esos focos de "virtualidad" corporal estarían ligados a otros en un "plano informal" de la vida, anterior e irreductible a un "orden simbólico" y a nuestras relaciones "imaginarias" con él. Podría decirse, entonces, que el problema práctico de "una vida" consiste en alcanzar esas virtualidades libidinales y colocarlas en primer lugar, reuniéndolas de modo que precedan a nuestras identificaciones con un orden social o cultural dado. En su ensayo sobre el totemismo, Lévi-Strauss había sugerido la idea "estructuralista" de que lo que queda fuera de semejante orden adquiere el sentido de sacrificio o transgresión. Pero Deleuze quería un cuadro positivo o pragmático más que negativo o de sacrificio de lo que así está "afuera" de un orden social; quería comprender "el afuera" en términos de la virtualidad de otras relaciones posibles o en términos de individuaciones impersonales que no podían inferirse simplemente del "no" de un padre. De modo que la represión no sería lo primero, sino que habría que comprenderla en términos de una potencia vital que "repite" los acontecimientos de tales individuaciones en los "ritmos" con que resuenan en

[115] LS, págs. 138-142.
[116] DR, págs. 132 y ss.

88

nuestra vida. No es que repitamos porque reprimimos, escribió Deleuze en *Différence et répetition*; reprimimos y "olvidamos" para vivir nuestros deseos de esa otra manera no personalizada que hace de cada vida un singular "complejo" de deseo. Como ocurre en la "filosofía práctica" del deseo en Spinoza, la cuestión consiste entonces en construir un "plano de composiciones" en el cual nuestras "esencias singulares" se pueden "combinar" unas con otras sin perder su singularidad.

Así, decir que tenemos "una vida" y decir que tenemos *un* inconsciente es equivalente: significa que siempre hay algo afuera de nuestras "identificaciones" como sujetos o personas que hacemos resonar mediante encuentros complicantes, como sucede, por ejemplo, en la "serie de amantes" de Proust. Es necesario entender toda la cuestión de la "sexuación" de este modo en lugar de hacerlo a través de la identificación edípica. Debajo de las "burdas categorías estadísticas" de sexo y de género, hay toda una multiplicación "molecular" de nuestras peculiaridades, que luego aparecen en momentos insólitos y de manera extraña, generando "composiciones" o "virtualidades" muy originales. Así, por ejemplo, Deleuze habla de un "devenir-mujer" por el que todos, incluso las mujeres, deben atravesar al apartarse de los modelos normales o "mayoritarios" de lo que es ser mujer o varón.[117] Por razones de estrategia o mera supervivencia, a veces es necesario en el curso de esos "devenires" decir que uno ha descubierto por fin la verdadera "identidad" de ser mujer. Pero la lógica del devenir siempre excede esas declaraciones de identidad redescubierta, puesto que un devenir jamás es una "historia" que tiene un comienzo y un final. Por el contrario, no siendo imitación ni representación de nada, desplaza y complica los propios términos de identificación.

El problema del psicoanálisis es que, cuando hubo descubierto esos "poderes" presubjetivos, esas complicantes "virtualidades" impersonales de nuestro cuerpo libidinal y sus "vicisitudes" en nuestra vida, las encerró luego en un nuevo sistema de identificación "personalizante", el de la familia y

---

[117] Véase Michel Foucault, "The Confessions of the Flesh", en *Power / Knowledge*, ed. Colin Gordon, Pantheon, 1980, págs. 219-220. "La auténtica fuerza del movimiento de liberación de las mujeres no reside en haber reivindicado la especificidad de su sexualidad y los derechos que le incumben, sino en haber abandonado concretamente el discurso canónico de los aparatos de la sexualidad".

las "imágenes" de personas familiares, como si el inconsciente fuera sólo una especie de identificación deficiente dentro del orden familiar. Por ejemplo, cuando la literatura nos muestra "una vida", siempre hay una crítica inspirada por el psicoanálisis que la remite por entero a la "novela familiar" de los personajes, cuando no del autor. Para Deleuze ese "familiarismo" o estructura edípica familiar no explica nada: por el contrario, es precisamente lo que necesita explicación. Piensa que surgió como reacción frente a algo que equivale a una "descodificación" o "desterritorialización" del dominio de la familia sobre los "complejos" inconscientes del deseo. Ya antes, Jacques Lacan había señalado que el descubrimiento del complejo de Edipo por parte de Freud se produjo justamente en un momento en que se disolvía la autoridad concreta del padre. De hecho, fue una manera de analizar las consecuencias de tal disolución, las enfermedades del deseo, postulando un Padre "simbólico", una suerte de *Urvater* mítico sin el cual sería imposible sostener el sentido del yo ni la "identidad sexual". Deleuze quería avanzar más aún, llevar la idea de los enredos inconscientes del deseo más allá de ese gran complejo canónico al que se atribuye la "sobrecodificación" o "reterritorialización" de todos los otros. Pero debemos entender nuestras identificaciones con un orden social en términos de los roles que ellas asumen en el despliegue de nuestra vida no definida y singular, en lugar de esforzarnos por reinsertar los enmarañados hilos de esa vida dentro de una ley canónica de nuestras relaciones con el "orden simbólico". Necesitamos entonces otra imagen del deseo inconsciente mismo y del tipo de "complejo" que genera, que no tenga ya el carácter de "transgresión" o "sacrificio"; debemos verlo, en cambio, de manera "constructivista" en términos de ese plano informal en el cual se desenvuelven nuestras virtualidades libidinales. Así, podríamos leer de otra manera o desde otro ángulo los clásicos diagnósticos de Freud sobre las patologías de la paternidad: podríamos verlos como modos no identificatorios de componer o gestionar lo que es singular en nuestros deseos, como la construcción de "planos de composición" para nosotros en cuanto complejos singulares de deseo o cuerpos eróticos "múltiples". El problema práctico del deseo inconsciente, entonces, consistiría en inventar un eros y una erótica liberados de la mimesis –impersonales pero singularizadores– que nos arranquen de nuestro "yo" o nuestro "ego" sin "fusionarnos", algo más parecido a las

90

metamorfosis de Ovidio que a la lealtad de los amigos aristo-télicos.

Así pues, las multiplicidades son inconscientes porque sus individuaciones son impersonales y, a la inversa, lo que hace que el deseo sea inconsciente no es ninguna "represión primaria" sino el desarrollo en la vida de acontecimientos y potencias que no caben dentro de identificaciones personali-zantes y se abren camino mediante otros tipos de encuentros e interacciones "multiplicadores" o "complejizantes". Incor-porando así la multiplicidad en el eros, Deleuze intenta escapar del rol tradicional de la *mimesis* en la *paideia*, evitar el lugar central que ocupaban las ideas de identidad e iden-tificación en la concepción misma de nuestra formación o "civilización". La cuestión reside, entonces, en cómo concebir nuestro ethos –nuestros "modos de ser"– de manera que su fundamento ya no sea la identidad.

– 4 –

Debemos vernos como al "vago Adán" de Leibniz, como las "esencias singulares" de Spinoza o como si cada uno tuviera *un* inconsciente, no definido pero singularizante. Deleuze halla algo afín en la novela moderna: el tema del "ser sin atributos" o, como él dice, el de hacerse tan "liso" que ninguna cualidad se le adhiere, como esos personajes de la literatura norteamericana que transcurren "en el camino".[118] La apari-ción de esas figuras "sin atributos" y su manera de llenar (*remplir*) el espacio y el tiempo modifican la forma de la novela. El tiempo de lo que ocurre y lo que ha ocurrido se libera de la trama más "racionalizada" o "neurótica" de la novela europea para descubrir esa suerte de "heterogenei-dad" que Bajtin ve en la novela rusa, o la soltura amorfa que Deleuze encuentra en la norteamericana. En la novela, la vida se vuelve "no definida" cuando los personajes ya no son personas terminadas o individualizadas y se transforman en cambio en "originales" que se reúnen en nuevos espacios y momentos de interacción. Porque los que "carecen de atribu-tos" ya no pueden contar un relato en el cual se "reconocen a sí mismos": comienzan a moverse en otra temporalidad dada

---

[118] CC, págs. 100 y ss. El problema radica en cómo relacionarnos por "características, zona y función" en lugar de hacerlo por identificación con un modelo o una ley previos.

91

por la yuxtaposición o superposición de bloques diferentes que a su vez pueden deshacerse o mutar. En esta situación, el encuentro complejizante sustituye al reconocimiento identificatorio como procedimiento fundamental para el desarrollo de los acontecimientos. Análogamente, reemplazando el reconocimiento en la narrativa clásica del cine, Fellini, por ejemplo, habría de convertir el encuentro en la Roma de posguerra y en espacios urbanos peculiares en un procedimiento cinemático original vinculado al surgir de "otros mundos posibles".

El procedimiento del encuentro entraña una visión particular del otro que Deleuze contrasta al modelo del reconocimiento más o menos recíproco y más o menos feliz. Así, discrepa con Sartre cuando dice que las "relaciones concretas con los otros" son una pasión fútil, que proviene del deseo de un reconocimiento imposible, y argumenta que, al decirlo, Sartre conserva la noción misma de sujeto y objeto de la cual su idea de "trascendencia del ego" debería haberlo librado. En una novela de Michel Tournier, Deleuze encuentra una especie de inferencia hacia otra idea a partir de la ausencia: la idea de *autrui* como "expresión de un mundo posible". Ello supone una noción del espacio, de la visión y de la perversión muy distinta del duelo de miradas sartreano en un café o del bochornoso atisbar a través de una cerradura, algo más próximo a los encuentros y las series de amantes de la "erotomanía" de Proust. La noción de encuentro como fuente de acontecimientos que "trascienden el ego" proporciona a Deleuze la salida de la concepción del yo y del otro propia del gran relato hegeliano de reconocimiento que Sartre heredó de Kojève, y también la salida de la problemática más "estructuralista" del "falso reconocimiento" de la situación de uno en el orden social. Esto le permite plantear otro problema: cómo expresar esas posibilidades "inmanentes" a una vida que "trascienden" nuestras identificaciones o están bajo la superficie de nuestra "burda" personalización o personalidad. En efecto, ese es el problema que plantean en la ficción el encuentro y los personajes "sin atributos", problema vinculado a su vez con la cuestión más amplia de la posibilidad de las interrelaciones que componen una "sociedad" determinada. Los sociólogos solían dividir esas posibilidades haciendo una diferencia entre "comunidad" orgánica y "sociedad" individualista, tradicional la primera y moderna la segunda. Deleuze formula otro problema u otra manera de concebir el problema de la "modernidad": cómo crear relaciones entre "originales" que se sustraen al régimen de reconocimiento social con procedimientos similares al de Bartleby –"preferiría no hacerlo"–, cómo inventar espacios y tiempos en los cuales nuestras singularidades "preindividuales" y "presociales" puedan surgir y confluir. El problema que plantean esos "cualesquiera" a los cuales ya no es posible adjudicar "atributos" como individuos ni como miembros de todos orgánicos es, entonces, el de un "ethos" moderno, una manera de ser propicia a una "comunidad" entre nosotros en cuanto "esencias singulares", no más subordinadas a la "representación" ni a la "imitación" de nada.

Heidegger pensaba que el tema del "ethos" o la morada tenía un carácter más fundamental u original que el construir una "ética" pero, aun así, solía imaginar el "morar" o "habitar la Tierra" en términos de un *Volk* histórico, arraigado a un lugar.[119] Deleuze entiende de otra manera el "ethos" (y por consiguiente la "ética"); los concibe en términos de "maneras" o "modos de ser" y de su distribución en el espacio y el tiempo, lo que en un lugar llama "nomos".[120] Habla de una especie de "maner-ismo" en la ética o, con respecto a Spinoza, de una "eto-logía" original en la composición de nuestros modos de ser singulares.[121] El "ethos" de Deleuze tiene, entonces, una relación distinta con el espacio y el lugar que el "estar-ahí" de un pueblo en un sitio o territorio. El problema de los "desprovistos de cualidades" o de las "lenguas menores" no es el de una tierra de "mayorías" sino que implica otras nociones de la proximidad y la distancia, del tiempo y la historia, como las que evoca, por ejemplo, la muralla china de Kafka.[122] Por el contrario, se trata de inventar un *chez soi*,

---

[119] Cf. QP, págs. 104-105: "Heidegger estaba en un error con respecto al pueblo, la tierra y la sangre" porque los que piensan jamás son, de hecho, "la mayoría", jamás están "arraigados" en ningún lugar.

[120] MP, págs. 437 y ss.

[121] SSP, págs. 125 y ss. En PP, págs. 137-138, Deleuze interpreta con talante spinoziano la distinción que hace Foucault entre códigos morales y éticas concernientes a "nuevos estilos de vida" sin remitirla a la distinción hegeliana entre *Sittlichkeit* y *Moralität*. Lo primero consiste en reglas obligatorias para juzgar acciones o intenciones según valores trascendentales mientras que lo segundo es un conjunto de reglas que uno es libre de adoptar para "evaluar lo que hacemos y decimos según el modo de existencia implícito".

[122] K, págs. 131 y ss. Deleuze sugiere que podría verse desde este ángulo al constructivismo (pág. 136). Véanse sus comentarios sobre la política y la arquitectura, PP, pág. 215.

un "sentirse en casa" de índole muy diferente, que no está dado ya por la oposición entre "lugar vivido" y "espacio abstracto", y que demanda una idea distinta de lo que son los territorios y las fronteras. ¿Qué querría decir pensarnos como "los que se sienten en casa" allí, como "nativos" de ese extraño espacio-tiempo que, como la *chora* del *Timeo* de Platón, es anterior a la delimitación del territorio y la lógica de los tipos puros, de las especies y géneros en que estos se dividen? ¿Cómo veríamos entonces la división en territorios de identificación?[123] Ése es el problema acerca del "ethos" que Deleuze intenta alcanzar no sólo cuando habla de "desterritorialización" sino también cuando alude a una idea original de "la Tierra" y el tipo de "pueblo" que la habita o es natural de allí. Porque "la Tierra" que se supone al pensar en nosotros como modos singulares de ser no es algo que localice ni identifique, por el contrario, es algo informe, sin centro, que subsiste dentro de las fronteras de nuestras "territorializaciones". Convertirla en la fuente de un "ethos", aprender a "sentirse en casa" allí, es verse uno mismo como natural de ella, con anterioridad a los territorios de la familia, el clan o la nación, verse como una especie de desconocido para el "yo" dado por esas identificaciones. Es aprender a sentirse en casa en "una vida" –el espléndido inconsciente impersonal de cada uno– desarrollando una suerte de *savoir faire* con ella.

Una vida o un inconsciente, entonces, supone una visión de los territorios y del movimiento que podría expresarse con estas palabras: ninguna demarcación o delimitación de territorio carece de un potencial de "desterritorialización", que puede convertirse en "absoluta" cuando no hay camino de regreso ni territorio conocido en ella. Las "lenguas menores" como el inglés de los afroamericanos plantean precisamente ese problema: uno debe idear la manera de sentirse en casa, no ya en un territorio, sino en esta Tierra que, lejos de arraigar la lengua a un lugar, una identidad y una memoria, la libera de esas fronteras y la vuelve desterritorializada y ligera como una tienda plantada por nómades, o como las topografías que genera el vital ritmo de danza invocado por Zaratustra cuando dice que la Tierra se aligera.[124] Ya no se

[123] Para Deleuze, la *chora* de Platón plantea el problema de "la inmanencia de la Tierra" (CC, pág. 171): aborda esta cuestión en PLI, en relación con la lectura que hace Whitehead del *Timeo*.

[124] En mi obra *Constructions*, analizo la idea de Nietzsche de una Tierra aligerada. El asunto de la Tierra y el territorio en la música y la danza

trata del problema de "el pueblo" sino el de "un pueblo", un pueblo sin definir, "sin atributos" todavía, un pueblo que aún debe inventarse, como el que Deleuze intuye en Kafka cuando escribió: "Es imposible escribir en alemán ni en checo ni en yiddish y, sin embargo, es imposible *dejar de* escribir", imposibilidad que lo llevó a inventar una suerte de "lengua extranjera" dentro del alemán oficial, una lengua que ningún grupo hablaba aún. Lo que Deleuze denomina minoría supone siempre ese "pueblo por venir", surgido de una "desterritorialización absoluta" aun cuando, por razones de estrategia o mera supervivencia, sea necesario "compensar" esa circunstancia mediante una contraidentificación o contra-nación [*counternation*], como la que emerge en lo que nuestro autor llama "desterritorialización relativa". En otras palabras, debemos entender esos contraterritorios relativos o estratégicos desde el punto de vista de una Tierra ligera o desterritorializada que los precede, planteando la cuestión del *ethos* o la morada en términos de ella.

El manerismo "desterritorializado" o "ethos" de Deleuze implica una ética que no es de pureza y piedad en la identificación, sino de complejidad y dignidad en nuestra manera de ser, y que precede a la identificación o la imitación "puras". La dignidad es algo fundamental para el sentido que Deleuze quiere dar a su "ética" y a la manera en que difiere de las "morales" de obediencia a los valores establecidos. La cuestión fundamental que Deleuze recupera del estoicismo para hacerla suya no reside en "no ser indignos (*indigne*) de los que nos acontece" sino, en particular, en cómo responder a las individuaciones que constituyen una vida y que nos preceden como sujetos y personas. Tal sería el caso, por ejemplo, de la "dignidad democrática" ilustrada por el "preferiría no hacerlo" de Bartleby en la Nueva York de un Estados Unidos protopragmático. La misma cuestión aparece de diversas maneras en toda la literatura moderna y en el espacio y el tiempo que la caracterizan. En la meseta de *Mil mesetas*, trabajo dedicado al tema de estar *chez soi* en una Tierra "desterritorializada" o "ligera", Deleuze intenta trazar de nuevo el mapa de los movimientos artísticos teniendo en

---

puede aplicarse a la música afroamericana (en cuanto a su relación con el inglés afroamericano como "lengua menor"), desde las formas clásicas urbanas del jazz a la música electrónica contemporánea y los *mixes* de los *disc-jockeys*.

95

cuenta esa tendencia.[125] No existen en el clasicismo los conceptos de "pueblo" y "territorio" que el romanticismo habría de expresar en términos de raíces e identidad, pero un problema nuevo surge con el modernismo: el de los espacios que podrían congregar nuestras "singularidades" para formar un "pueblo por venir", extranjero o menor para todos los lugares y todas las lenguas constituidos, que podría transformarnos en "nativos" de zonas cuyos mapas preceden a los territorios establecidos y vuelven a trazar sus fronteras. En la obra moderna, encontramos así la cuestión de "construir una multiplicidad", intento de crear espacios sin centro anteriores a las identidades e identificaciones personalizadas, y de inventar así nuevos "hábitos para decir yo y nosotros", no sometidos ya a la identificación ni a la representación, hábitos que podrían ahorrarnos eso que, en una conversación con Foucault, Deleuze llamó la "indignidad de hablar por otros".[126]

– 5 –

Así, cada uno de nosotros tiene "una vida" anterior a las burdas identificaciones que nos ligan a territorios familiares, sociales, nacionales o sexuales, e irreductible a ellas. La dificultad reside en alcanzarla y en qué hacer con ella. Es en parte una cuestión de historia; de hecho, se podría decir que utilizando las palabras en el sentido que les da Deleuze, las mayorías tienen historia, pero sólo las minorías tienen un "devenir". Precisamente, lo que Deleuze llama "devenir-otro" es la naturaleza no definida históricamente, "sin atributos", de una vida que acoge procesos en los que nos alejamos de nuestro yo constituido o dado sin saber del todo de antemano en qué o en quiénes nos podemos convertir. Todo devenir genuino es un "devenir-otro" y por eso se diferencia de la imitación de algo anterior y también de los relatos con un principio y un fin. Deleuze piensa que en todo momento y en toda historia existe al menos la potencialidad del devenir: todos tenemos nuestras "minorías" y cada uno de nosotros

---

[125] MP, págs. 381 y ss. La traducción de *ritournelle* [ritornelo] por "refrán" no me parece muy feliz porque el *ritournelle* es exactamente lo opuesto de la *rengaine* [cantilena].

[126] Véase "Intellectuals and Power" en Michel Foucault, *Countermemory, Language, Practice* (Cornell, 1974), pág. 104.

96

tiene *un* inconsciente. Una de las consecuencias es que las relaciones que la constituyen, o las divisiones que la caracterizan, jamás agotan una sociedad o cultura dada; por el contrario, hay siempre "fugas" (*fuite*) en ella y se la puede analizar o "diagramar" mediante sus "líneas de fuga" (*lignes de fuite*). En otras palabras, ninguna sociedad puede descartar totalmente la posibilidad de lo que Foucault llamó "procesos de subjetivización" que nos trasladan de nuestro yo "constituido" a "otros espacios", por ejemplo, esos "movimientos" que, según Foucault creía, nos alejaban de la idea misma de "sexualidad" de la psiquiatría normativa del siglo XIX para transformarnos en otra cosa, aunque todavía no supiéramos qué o quién. Por debajo de sus toscas divisiones y unidades, toda sociedad siempre es "complicada" o "compleja" en un sentido que no está presente en sus conflictos o contradicciones más reconocidos, y origina esas cuestiones bautizadas por Foucault como "problematizaciones", para las cuales no hay consenso preexistente, ningún "pensamos". Es el tipo de cuestión planteada por las diferencias "moleculares" que persisten dentro de las divisiones y conflictos sociales "molares" más extensos, o que se manifiesta en una especie de "micropolítica". Es decir, la existencia de "líneas de fuga" nos exige volver a pensar nuestra imagen del "espacio social" –o nuestra idea de que el espacio mismo es social– para acoger la microdinámica de una vida que ya no reside en un lugar pero tampoco está atrapada en un "espacio abstracto" alienante. Necesitamos un mapa y una "etología" de otro tipo. Deleuze cree que ya encontramos algo similar en las "diferencias preindividuales" leibnizianas que Gabriel Tarde intentó incorporar al espacio social: por decirlo así, espacios de "una vida" que son espacios de "cualquiera" más que del hombre normal de las estadísticas. Entonces, la gran cuestión de la "banalización" del espacio en las sociedades modernas podría atacarse, no ya mediante objetos únicos con aura ni mediante objetos debidamente "contextualizados" o "fundamentados" sino por medio de estrategias de singularización que aligeraran los espacios, liberando en ellos diferencias vitales. Pero, ¿qué tipo de "geometría" debemos entonces atribuir al espacio social, a la "socialidad" o "sociabilidad" del espacio?

Para abordar precisamente estas cuestiones, Deleuze introduce una concepción de las "segmentaciones" de la vida, con la cual siempre tendrá que lidiar el "hacer multiplicidades".[127] Las sociedades tienden a dividir nuestra vida en segmentos más o menos rígidos pero, sin embargo, no existe ningún espacio *totalmente* segmentado, totalmente estratificado. Pues no hay estratificación que no genere la posibilidad de otras relaciones que complican, capaces de combinarse según un plan más laxo y no segmentado que albergue "espacios intermedios", disparidades, devenires. Por eso siempre debemos distinguir las multiplicidades segmentadas de las que no lo son, aun cuando, de hecho, las dos pueden encontrarse en el mismo espacio. Así, incluso las estrictas segmentaciones del espacio y el tiempo de las "disciplinas", cuyo diagrama trazó Foucault para las sociedades modernas, incluso ellas tienen "líneas de fuga", "devenires", toda una "micropolítica" que se aparta de la "individualización normativa o normalizante" (y, por ende, del "hombre medio") para inventar otras maneras de ser singulares y vitales.[128] Si bien, entonces, la segmentación del espacio social habilita una geometría de horizontales y verticales en la que se puede trazar un mapa o localizar todo "movimiento" social, las minorías y los devenires, en cambio, trazan "diagonales" o "transversales" que sugieren otros espacios, otros movimientos. "Diagramar" un espacio es poner de manifiesto esas líneas diagonales y las posibilidades que dan, esbozando una *carte* que no es un *calque*: un mapa que no implica el "trazado" de nada anterior, pero que sirve en cambio para indicar "zonas de indistinción" de las cuales pueden surgir los devenires, si es que no están ya haciéndose imperceptiblemente. En otras palabras, jamás se puede dibujar el espacio social a partir de "coordenadas cartesianas" porque siempre "envuelve" a muchos "infraespacios" que introducen distancias y proximidades de otro tipo, no cuantificable. Al "desenvolver"

[127] En MP, págs. 253 y ss., se establecen diferencias entre distintos tipos de segmentariedad, todos los cuales están presentes en la pintura de Fernand Léger, "Hombres en la ciudad", del año 1919. Pero, a medida que uno pasa de esas divisiones "mecánicas" a las más sinuosas o menos abruptas que Deleuze describe en "Sociedades de control", surgen nuevos peligros, que recuerdan la advertencia que cierra el libro (pág. 625): "jamás crean que un espacio liso bastará para salvarnos".

[128] Para Foucault, los problemas de la demografía urbana proporcionaban una clave de la constelación que determinó la formación de disciplinas. Véase "The Eye of Power" en *Power/Knowledge*, págs. 151-152. Las dos versiones del ensayo sobre la política de salud en el siglo XVIII también establecen una relación entre la higiene y la instauración de normas en las ciudades.

98

esos potenciales no debemos ya pensar en términos de líneas que van de un punto fijo a otro sino, por el contrario, de puntos que son la intersección de muchas líneas enmarañadas, capaces de dibujar "otros espacios" –algo parecido a lo que sucede con las líneas de Jackson Pollock–, líneas que ya no determinan un contorno y se bifurcan siempre en otras. El problema entonces consiste en "trazar líneas" más que en "determinar una posición definitiva" (faire le point).*

Esas líneas y los "otros espacios" que determinan, entonces, son lo que hace a una sociedad "abierta" en un sentido algo distinto del de Karl Popper, un sentido más cercano a Bergson, quien hablaba de una "sociedad abierta" antes que Popper, un sentido más próximo a la pintura cinemática que hace Rossellini de Roma como "ciudad abierta". Pensar en las sociedades como "todos abiertos" bergsonianos es imaginar que, debajo de su historia oficial y sus divisiones, existen otras potencias que se actualizan por medio de otros tipos de encuentro e invención, potencias del tipo que Marx creyó que florecían precisamente al pasar del campo a la ciudad y respirar el aire vital de las "desterritorializaciones" urbanas. Pero, si Marx intentó analizar esas potencias (y desterritorializaciones) desde el punto de vista de distintas clases y los Partidos que las "representan", Deleuze propuso verlas en un panorama de "minorías" y "diferencias moleculares", de devenires y "otros espacios" que ningún Partido puede pretender representar o dirigir desde arriba. Lo que importa en estos "diagramas" sociales más vastos son, en consecuencia, los procesos de "decodificación" y "desterritorialización" que el capitalismo arrastra consigo en sus perpetuos intentos expansivos de vincular los bienes con las personas, el trabajo con el dinero. Las relaciones entre el capital financiero, los mercados integrados y los medios electrónicos que hoy se conocen con el nombre de "globalización" no son una excepción. Estamos frente a una nueva modernización cuyo mapa dibujan las nuevas geografías de la pobreza y de la desigualdad que entraña la riqueza, así como los nuevos perfiles de inmigración han modificado la configuración de las grandes metrópolis propia de una fase previa del capitalismo indus-

---

* Siguiendo a Deleuze, el autor escribe en inglés: "to make lines rather than to make a final point", expresión con la que intenta reflejar lo que dice el filósofo francés: "Ne pas faire le point, plutôt tracer des lignes". En navegación, "faire le point" significa determinar la posición de un buque. (N. del T.)

99

trial y colonial. Deleuze piensa incluso que el "proletariado" industrial creado en esa fase inicial del capitalismo no debe contemplarse como un "estrato" social nítido, o clase, sino como una suerte de masa no estratificada y "sin atributos" cuyos "procesos de subjetivización" trazarían a nuevo el mapa de la sociedad, obligando a inventar nuevas estrategias, incluso nuevos tipos de entes jurídicos. Ningún Partido, ningún grupo de intelectuales, puede jamás representar plenamente ni dirigir esos "movimientos", esos "devenires", esas *fuites* de una sociedad, y ninguna *prise de conscience* es suficiente para captarlos. De hecho, el dilema político de pensar en la "sociedad abierta" en este sentido bergsoniano reside en que " ya no disponemos de una imagen del proletariado que bastaría para adquirir conciencia".[129] Así, debe cambiar la relación misma de los intelectuales con esos "movimientos" o "procesos de subjetivización", abandonando un rol "representativo" por otro "experimental", liberando la "imaginación social" de la representación de cualquier cosa dada, anterior, original. Formarán entonces parte de la "fábula de un pueblo por venir" que, no estando ya atada a las "comunidades imaginarias" de un tiempo o un lugar, se contrapone a los mitos de un pasado o un pueblo original, según dice Deleuze siguiendo a Bergson. Las mayorías pueden tener su historia oficial y su memoria, pero siempre habrá en todos y cada uno de nosotros minorías para experimentar con esos otros "pueblos" para los cuales la historia aporta sólo "condiciones negativas".

– 6 –

Hay un problema en la experimentación con los espacios de esos múltiples *habitus* o *nomos* no identificatorios, que tiene que ver con la violencia inherente a las identificaciones "puras". En realidad, la dignidad misma de nuestro ethos múltiple corre el riesgo de transformarse en objeto del odio asesino y la represalia. Deleuze aborda ya este tipo de violencia en su primer libro sobre Hume, en el cual la plantea en relacióncon el "problema de la subjetividad" que surge cuando ya no damos por sentado al yo sino que lo concebimos como producto del hábito y la memoria y, por ende, de las "convenciones" de una sociedad: por decirlo de algún modo,

[129] PP, pág. 234.

100

de los hábitos de decir "yo". De lo cual se deduce que sería erróneo imaginar la sociedad como algo constituido por yoes "dados" que, en calidad de sujetos "constitutivos" otorgarían entonces legitimidad al estado. Debemos en cambio contemplar en primer lugar la cuestión previa de cómo "se constituyen" los sujetos mismos, es decir, lo que Hume llama "convenciones". Deleuze admira el modo en que Hume pudo así sustraerse a la teoría contractual clásica y plantear en cambio el problema de la "credibilidad" del gobierno.[130] Desde este punto de vista "naturalista" (más que teológico), Hume pudo plantear un problema nuevo: el de nuestra "parcialidad" hacia los grupos particulares en los que nos encontramos. Libradas a sí mismas, nuestras identificaciones con la familia, el clan, la nación o la "comunidad" generarían una violencia atroz, problema que no puede resolverse simplemente por medio de un agenciamiento más o menos "racional" de intereses u opciones: ni la *Gemeinschaft* ni la *Gesellschaft* pueden abarcarlo. La "parcialidad", entonces, no es cuestión de un "egoísmo" superable mediante una organización más racional de los intereses sino que es cuestión de las pasiones y las instituciones que los engendran y, por consiguiente, de "virtudes artificiales" y "urbanidad" en nuestra manera de ser. Desde luego, se puede objetar que esa "urbanidad" a su vez lleva incorporada a menudo la violencia de clase y las divisiones de clase, pero eso sólo desplaza el problema. La cuestión es que la identidad es violenta por sí: hay una violencia (o "barbarie") en nuestra misma constitución como "sujetos" o "yo", y debemos volver a pensar en consecuencia nuestra noción del contrato y de la institución.

En *Mil mesetas*, Deleuze dice más en general que existe un tipo de violencia "fuera" del estado, una violencia de fuerzas que ningún estado puede controlar o racionalizar de antemano, y que a menudo se pone en evidencia en las ciudades o se ejercita en ellas —más que en las formas del estado— como ocurre, por ejemplo, con las *favelas* y *banlieus*, oprobio de las ciudades contemporáneas.[131] Bien podría decirse que en Deleuze la tensión ciudad-estado suele reemplazar la de estado-sociedad que Foucault llegó a ver como principal limitación del pensamiento político moderno. Porque lo que está "afuera" del estado no es una prolija "sociedad civil" sino toda suerte de *fuites*, minorías, devenires que escapan a los esta-

---

[130] "Hume", en PI.
[131] MP, págs. 539 y ss.

101

dos o que ellos tienen que intentar "capturar". El problema de la tradición contractual en el pensamiento político moderno desde Hobbes hasta Hegel, entonces, es que, en efecto, intenta descartar de antemano la "violencia" constitutiva, en Hobbes cediendo la violencia a la soberanía del Estado, en Hegel "superándola" ("negándola" o "sublimándola")* en las formas políticas del *Rechstaat* a través del trabajo dialéctico de la historia.

En Spinoza como en Hume, Deleuze encuentra otro tipo de filosofía política, otra visión de la relación entre política y filosofía que daría albergue a ese "afuera" y al tipo de interrogantes que surgen de él. En efecto, para Deleuze, cuando el filósofo empieza a formularse los problemas de ese afuera, deja de ser un "profesor público", como Hobbes, ocupado en elaborar la forma legítima del Estado y en defenderla. Comienza entonces a trabajar con una violencia que elude su "captura" dentro de esas formas, por ejemplo, las fuerzas que hoy no se dejan "capturar" en la racionalidad del estado-nación moderno, que aún tiene algo de la racionalidad socialista o del estado benefactor. En *Mil mesetas*, Deleuze menciona entre esas fuerzas las de las corporaciones multinacionales, los movimientos religiosos "ecuménicos", las "aldeas globales" electrónicas y, sobre todo, las "minorías", antiguas o nuevas. La violencia de esas fuerzas se pone de manifiesto en la porfía con que irrumpen en los territorios y plantean interrogantes que no encajan en las maneras establecidas de hacer las cosas ni en las filosofías políticas heredadas, obligándonos a "pensar de otra manera". Esto es precisamente lo que diferencia esa violencia de otras que pueden preverse, explicarse o controlarse por medio del conocimiento, y también de las que encajan dentro de las formas admitidas de juicio y legitimación. En política no sólo estamos obligados siempre a proceder por "experimentación, tanteos, inyección, retrocesos, avances, retiradas":[132] tampoco hay forma de gobierno que pueda eliminar o silenciar totalmente esos problemas que no son escollos que hay que suprimir sino puntos en torno a los cuales surgen nuevos "devenires", nuevas maneras de pensar.

* El autor dice: "*converting*" ("*sublating*" or "*sublimating*") *it*. En inglés se usa el término "*sublate*" para la negación en el proceso dialéctico que preserva, sin embargo, lo negado como elemento parcial de la síntesis. Corresponde al término alemán clásico *Aufhebung*, utilizado por Hegel. Lo hemos traducido como "superación". (N. del T.)

[132] MP, pág. 575.

102

Podemos hablar así de la violencia de las "problematizaciones" que terminan en la declaración de derechos sociales como los del estado de "bienestar" –de los cuales el estado debe hacerse responsable–, y también podemos hablar de la violencia de la problematización de privilegios aristocráticos, que acabó en la defensa de nuestros derechos humanos o civiles por parte del estado, o de las otras violencias que hoy, allende las fronteras de los estados-nación soberanos, proponen maneras nuevas de comprender y "poner en vigencia" esos derechos. Para Deleuze, ésa fue la violencia de las problematizaciones planteadas en 1968, cuando surgieron cuestiones nuevas (acerca de las mujeres, las minorías, la sexualidad, el trabajo, el medio ambiente, etc.) que "se plantearon a la política sin reinscribirse ellas mismas en una teoría política".[133] Cuestiones que muestran que la política existe precisamente porque no hay una teoría o una ciencia de la política.

– 7 –

Foucault habría de descubrir que "hablar con veracidad y libertad" de esos problemas y esa violencia no era algo que una sociedad tolere fácilmente. En una serie inconclusa de conferencias y escritos, se preguntó qué significaría para nuestra comprensión de la política misma incorporar la cuestión de la violencia en nuestra propia constitución sin reducirla a la idea de Hobbes de estado ni al esquema de Hegel de la superación dialéctica de la violencia en el estado.[134] Sugería que la idea de "soberanía" era todavía un rezago de la teología, un vestigio moderno de lo que Spinoza había analizado como lo "político-teológico". A diferencia de Carl Schmitt, Foucault renegaba de la ficción hobbesiana de una "guerra de todos contra todos" como origen del estado, y proponía en su lugar una concepción "estratégica (en contraposición a "jurídica" o "teológica") del poder o de la política, una especie de guerra que se libra en ciertas condiciones y con relación a problemas particulares. Incluso llegó a ver las ideas de Bataille sobre la soberanía como una suerte

[133] *The Foucault Reader* (ed. Paul Rabinow, Pantheon, 1984), pág. 35. Véase también mi *Philosophical Events*, págs. 21 y ss.
[134] Véase Michel Foucault, *"Il faut défendre la société"* (Seuil/Gallimard, 1997).

103

de "retroversión".[135] Semejante concepción de la política (o de "lo político") nos permitiría aproximarnos a cuestiones que son anteriores al estado y la soberanía, y que implican una violencia no dialectizable en lo que concretamente nos constituye como sujetos. ¿Cuáles son, entonces, los costos y los riesgos de hablar con verdad de esa violencia?[136] El problema aquí es lidiar con una violencia que no se puede "representar" subjetivamente o intersubjetivamente, una violencia que exige otros estilos de expresión menos directos, así como una manera de "cuestionar la política" que debe crear conexiones y alianzas allí donde no las había con anterioridad. Al formular estos interrogantes, Foucault replica a Deleuze, quien en una nota invirtió la preferencia de Foucault por el "placer" más que por el "deseo" en su *Historia de la sexualidad*, diciendo que él planteaba la cuestión en términos "masoquistas" en lugar de los "sádicos" propuestos por Foucault.[137] Una versión del problema consiste en "mostrar lo intolerable", posición que, según Deleuze, Foucault compartía de hecho con el neorrealismo; otra es lo que Primo Levi había llamado "la vergüenza de ser hombre" (algo distinto de la culpa y la retribución); una tercera es el intento de Francis Bacon de mostrar "la carne" [*the meat*]* y oponer así una "violencia de las sensaciones" prefigurativa, prenarrativa, que nada ilustra, a esa suerte de "sensacionalismo de la violencia" que asociaba con el cliché fotográfico. En tales casos, hallamos una relación con la violencia que no tiene que ver con su dominio o sublimación, una relación "diagnóstica" o "clínica".

Deleuze elabora esta idea de una "crítica" de tipo "clínico" en su exposición sobre Masoch. Para él, antes de que sus nombres sirvieran para bautizar enfermedades que final-

---

* En lo que sigue de este capítulo y el siguiente, John Rajchman elabora y contrapone dos términos: "*the meat*" y "*the flesh*". "*The meat*" significa "la carne" animal, pero utilizada como alimento por el hombre, puesto que remite a un fragmento de *Lógica del sentido*, titulado por Deleuze en francés "*Le corps, la viande et l'esprit, le devenir-animal*", es decir la carne como vianda, como vitualla. En cambio, "*the flesh*" es la carne en el sentido más amplio, "*la chair*" en francés, sobre todo cuando se refiere al pensamiento de Merleau-Ponty. (N. del T.)

[135] Michel Foucault, *The History of Sexuality*, vol. 1 (Random House, 1978), pág. 150. (Hay traducción al español: *Historia de la sexualidad*, Siglo XXI, Buenos Aires, 1976.)

[136] Acerca de este tema, véase mi libro *Truth and Eros* (Routledge, 1990).

[137] Gilles Deleuze, "Désir et plaisir", *Magazine littéraire*, N° 325, oct. 1994, págs. 59 y ss.

104

mente confluirían, Masoch y Sade fueron autores "diagnósticos", escritores que diagnosticaron una extraña patología que va de la mano del tipo de "moral" que Kant intentó incorporar en la filosofía moderna, o de la noción de "civilización" vinculada con ella. De este modo, Deleuze retoma un problema planteado por Freud, que Jacques Lacan formuló en su ensayo "Kant con Sade", y que encontramos con otro ropaje en Nietzsche y en Kafka: cómo tener una ética que no esté subordinada a la moral del superyó ni a su crueldad específica o "sadismo". Ya Freud, escribió Deleuze, había hablado de la "paradoja de la conciencia": cuanto mayor o más refinado es el sentido de la conciencia o su "imperativo", tanto más culpable se siente uno. A eso se refería Lacan cuando habló de la "gourmandise" del superyó: cuanto más lo alimenta uno, tanto más voraz se vuelve.[138] Freud resolvió esta paradoja, según Deleuze, afirmando que no reprimimos nuestros deseos porque tenemos una conciencia; por el contrario, tenemos una conciencia porque reprimimos nuestros deseos (cuando no los "sublimamos" o "civilizamos"). Vemos entonces que el problema reside en una "ética del deseo" anterior a la moral de la conciencia o el superyó. La ética de la antigüedad hace girar la Ley en torno al Bien: el suicidio de Sócrates se puede ver como una dramatización del sometimiento de la Ley justa a las exigencias del Bien de la Ciudad. Kant revolucionó esta concepción. Propuso un sistema en que el Bien gira en torno de la Ley y a su imperativo "categórico" de obediencia ("obra como si..."), y vio en esa obediencia una fuente de liberación del mundo o de los fines "instrumentales" y sus imperativos "hipotéticos". La paradoja de Freud es entonces un diagnóstico de las patologías del deber interno categórico, que Kant intentó racionalizar como la senda hacia el "Reino de los Fines", o como la fuente de nuestra libertad. Si Sade y Masoch son escritores "diagnósticos" (más que "enfermos"), ello es así en parte porque ponen al descubierto la "violencia" del deseo en la moral de corte kantiano, cada uno desde un ángulo distinto: Sade con respecto a las instituciones y Masoch con respecto a los contratos. El "masoquismo" erótico, desde luego, es viejo como la humanidad, pero Deleuze piensa que Masoch lo utilizó para hacer un diagnóstico humorístico, juguetón, del papel que desempeña, por ejemplo, la mujer "fría" idealizada como una Venus envuelta en pieles, en las

[138] PSM, págs. 71 y ss. Véase también mi libro *Truth and Eros* (Routledge, 1990).

105

actitudes o el comportamiento "masoquistas" de las minorías étnicas. Asimismo, los elementos "masoquistas" del violento humor de Kafka forman parte de un diagnóstico más amplio sobre las "fuerzas diabólicas que llaman a la puerta".

¿Qué debemos hacer, entonces, con el diagnóstico de esa violencia en nuestros deseos o el tipo de patología que se pone de manifiesto en la moral de tipo kantiano? En esta encrucijada, Deleuze se aparta de Freud y Bataille que, para él, conservan demasiado de la figura del Sacerdote ya señalada por Nietzsche y Spinoza antes que ellos. Cree que necesitamos otra visión del deseo mismo que ya no tenga su cimiento en una represión o transgresión "primaria": una visión más "constructivista", más "composicional". En Nietzsche, el problema está vinculado estrechamente con la violencia (y con el regodeo en la violencia) de la tragedia antigua: Antígona, por ejemplo, podría verse como la figura femenina que dramatiza esa Ley que siempre precede a las leyes particulares o al bien de la ciudad, y su tragedia mostraría qué sucede cuando alguien actúa de acuerdo con su mandato. Pero Deleuze quería lleva la cuestión de la violencia más allá de esas figuras "edípicas" de desobediencia para internarse en el misterio de la afirmación en la Ariadna de Nietzsche.[139] *Hamlet* señala el punto de inflexión: en él encontramos una nueva noción del tiempo que, allende los "ciclos" trágicos de venganza, admite una "afirmación de la Vida" y de la violencia presubjetiva, presignificante, inherente a ella.

– 8 –

Hamlet es un nuevo tipo de héroe que, a diferencia de Edipo o de Antígona, comienza a moverse en otro tiempo, un tiempo liberado de una Ley previa y de una "*physis*" o naturaleza que retorna a sí misma: "el tiempo de la ciudad y nada más", dirá Deleuze.[140] No se trata de un tiempo "mesiánico" sino barroco, con su juego de máscaras, que se manifiesta en el modo en que la acción, los personajes, los signos y las imágenes cambian en ese drama. El drama clásico solía contemplar el tiempo como movimiento "en el cual" acontecen las cosas, en particular las palabras y los hechos que constituyen al "personaje". Pero en la literatura, como en la filosofía, empieza a aparecer otra

---

[139] CC, págs. 126 y ss. Véase también "Nietzsche" en PI.
[140] CC, pág. 42.

106

visión del tiempo que ya no corresponde a ese movimiento. Deleuze cree que en los cuentos cortos, por ejemplo, la cuestión de lo que ha ocurrido se transforma en una especie de secreto que no es algo oculto que se ha de revelar, como en la historia de detectives, sino algo que se expresa mejor en las "posturas" que en las "posiciones" de los cuerpos, y que señala oscuramente lo que aún puede acontecer.[141] Deleuze intenta poner en evidencia ese otro tiempo que está "en nosotros", expresado o implícito en nuestro cuerpo y en sus modos de ser como una especie de fuerza o poder. De hecho, *Cinema 2* puede leerse como un complejo estudio de ese tiempo y del modo en que se contrapone al "movimiento" que había predominado en el cine anterior a la guerra. En la filosofía, Deleuze piensa que el problema fue formulado ya por Kant cuando propuso pensar el tiempo como una "forma de intuición", preparando así el camino para filósofos como Bergson o James, que habrían de introducir una suerte de indeterminación y multiplicidad en el tiempo y su intuición, lo que significaba un anticipo de lo que luego el cine iba a elaborar con sus "imágenes-tiempo".[142]

Para Deleuze, por consiguiente, Hamlet no es el héroe de la duda y el escepticismo sino el héroe de ese tiempo otro que puede arrancarlo a uno del propio yo o del personaje para exponerlo a las encrucijadas de una historia de las cuales emergen imprevistos. Él es quien declara que "el tiempo está dislocado", fuera de las "articulaciones" de cualquier movimiento previo, cíclico o lineal; él es quien debe moverse en ese tiempo otro que no "vuelve" ni "avanza" y que se desvía permanentemente de su curso. Ese tiempo y esa intuición eliminan todo el problema del agenciamiento, la acción y el personaje, lo arrancan de una naturaleza o contrato original al cual se podría volver, y transforman todo en la cuestión del "tiempo de la ciudad" que, desligado ya de ciclos naturales y leyes divinas, se expresaría en el juego de un artificio superior. Cuando Platón introdujo la cuestión del tiempo en el concepto de la *polis* o ciudad (de ahí, las palabras "ciudadano" y "cívico"), la acompañó con el don envenenado de la trascendencia. Imaginó una idea de la *polis* pura, perfecta e intemporal, que habíamos olvidado pese a haberla visto en una

[141] MP, págs. 235 y ss.
[142] El "tiempo dislocado" es un tiempo "por venir" pero no mesiánico. En Marx, en cambio, se trata de volver a pensar las ideas de tragedia y farsa en *El dieciocho brumario*. DR, págs. 123 y ss.

preexistencia, y que, en este mundo imperfecto, injusto y transitorio, debemos aprender a imitar en nuestra alma. En otras palabras, subordinó el tiempo de la ciudad a la mimesis de las formas puras que seguían siendo idénticas en sus efectuaciones o instanciaciones más o menos adecuadas, aun cuando toda la cuestión reside, de hecho, en vincular el tiempo con otro tipo de "plan" que ya no está dado por la relación entre forma y materia.

Cuando reapareció la cuestión del tiempo en el contexto teológico de la ciudad de Dios, se conservó el don emponzoñado de Platón, y es quizás en Giordano Bruno o en Plotino que encontramos una desviación más afín a Deleuze. Él piensa que Spinoza y el barroco Leibniz se apartan del plan platónico para redescubrir el tiempo como fuerza que complica un material, y no como forma que se impone a la materia. Así Leibniz incluyó el problema de la "composibilidad" en la idea de la ciudad o del tiempo de la ciudad, y Spinoza se aventuró más lejos tal vez cuando propuso pensar el "punto de vista" de la eternidad fuera de la tradición político-teológica, como punto de vista de la singularidad y su composición. Precisamente en esa frase pudo apartarse de la noción cartesiana de agencia o voluntad en cuanto acontecimiento mental que precede a las acciones y las causas, y plantear en cambio el problema de la libertad en términos "expresivistas" o "constructivistas".

El secreto de la noción de eterno retorno en Nietzsche consiste para Deleuze, entonces, en retomar ese hilo planteándolo en términos de un tiempo que no es eterno ni transitorio sino "extemporáneo". El eterno retorno no significa en realidad que todo puede retornar como lo mismo sino que la diferencia siempre retorna y debe afirmarse de nuevo en cada caso como tal: así es que el pensamiento se torna "selectivo". Deleuze piensa que sólo este tiempo que diferencia y singulariza, y que nos precede, este tiempo que nos expone a otra lógica de individuación e invención es capaz de liberarnos de una naturaleza, un contrato o una ley "original" que deberíamos imitar u obedecer, y que al hacerlo nos permite experimentar realmente con nosotros mismos. Es decir, la afirmación de "una vida" requiere la afirmación de ese tiempo que aparece en Hamlet como "el tiempo de la ciudad y nada más". Para afirmarnos –construirnos y expresarnos– en calidad de seres múltiples y complicados congregados frente a cualquier modelo o plan trascendental, no necesitamos el tiempo de Cronos sino el de Aión.[143] El secreto de Nietzsche se transforma así en el de su Ariadna, heroína de la afirmación, no de la culpa ni de la ley, que, abandonada por el héroe mítico de la democracia ateniense, se ahorca con el cordel que su padre le había dado y queda libre para iniciar una danza afirmativa, un "encuentro" con Dionisos, el de los pies ágiles.

[143] LS, págs. 77 y ss.

VI. SENSACIÓN

– 1 –

La relación de la filosofía con el arte es delicada y estuvo preñada de extrañas identificaciones y rivalidades desde la época de Platón. La perspectiva de Deleuze sobre esa relación se parece más a la de Nietzsche que a la de Kant. Su estética no adopta la forma de un juicio sino la de una experimentación y creación que desafían al juicio. De Kant, Deleuze dice que jamás hizo realmente una *critique* del juicio, y pregunta: "¿en arte, qué juicio experto tiene que ver con la obra por venir?".[144] Sin embargo, aunque no juzga, la filosofía de Deleuze hace una "selección" en las artes y en lo que nos vemos inclinados a llamar "arte". "Entre todos los que escriben libros con intención literaria", dice, "muy pocos pueden llamarse escritores".[145] Análogamente, ve la historia del cine como un "largo martirologio".[146] En uno de sus últimos ensayos confiesa: "Quizás ahí esté el secreto, en hacer existir, no en juzgar".[147]

No obstante, la relación entre filosofía y arte es para Deleuze intrínseca. Piensa que en las artes y a través de ellas siempre está obrando una comprensión no filosófica de la filosofía, que ésta siempre presupone tal comprensión y que, en parte, la tiene en cuenta. Muchos escritores y artistas "comprendieron" a Spinoza de esa manera; por ejemplo,

---

[144] CC, págs. 158 y 169. Deleuze opina que Spinoza es el único que supera el juicio, especialmente en su crítica de lo "político-teológico".

[145] CC, pág. 17.

[146] C1, pág. 8.

[147] CC, pág. 169.

111

inventaron una especie de "espinozismo" en su obra que, a su vez, contribuye a concretar la diferencia establecida por este filósofo entre un "plano de inmanencia" y un "plan de organización".[148] Formular los problemas y elaborar los conceptos de tal comprensión no filosófica es, por otro lado, una actividad filosófica. Así, al "producir los conceptos" que están "dados" en el cine (en cuanto esa actividad es algo distinto de aplicar al cine conceptos prefabricados), Deleuze cree que está haciendo algo que el cine no puede hacer por sí mismo.[149] En suma, la relación entre arte y filosofía no es la que existe entre juicio y objeto sino entre las "resonancias e interferencias" de dos tipos distintos de quehacer o actividad, ninguno de los cuales está "por encima" del otro. La categoría de lo "barroco" que Deleuze elabora en su libro sobre Leibniz, por ejemplo, es un constructo singular, que tiene usos históricos y contemporáneos, e implicaciones científicas además de artísticas. Pues todavía estamos "plegando, desplegando y volviendo a plegar", y la misma idea del "cine" que Deleuze desenvuelve a través de Bergson –pese a las opiniones de ese filósofo sobre el nuevo arte– es original, algo que no encaja en la teoría de Metz ni en el estructuralismo. En cada caso encontramos un concepto complejo "producido" por Deleuze, que invita a la comprensión no filosófica de su propia filosofía.

Así, hacer filosofía es fabricar conceptos que están en resonancia y en interferencia con las artes del pasado o del presente. Jamás se trata simplemente de aplicar conceptos aportados ya por ninguna teoría, como ocurrió, según Deleuze, con el psicoanálisis, especialmente después de su alianza con la lingüística. Pues uno siempre debe *producir* de nuevo los conceptos, y un gran crítico no es quien llega armado ya de una teoría sino quien contribuye a plantear problemas nuevos o sugiere nuevos conceptos. Así, en un aspecto, el pragmatismo de las multiplicidades de Deleuze está "contra la teoría". Sólo se puede pensar realmente cuando lo que ha de pensarse no es algo ya dado y, aunque la filosofía puede deshacerse de muchos "usos" en las artes o en la crítica, siempre debe resistirse a quedar congelada a su vez como teoría nueva que, caída del cielo, podría "aplicarse" simple-

[148] SPP, pág. 128. Para Deleuze, Hölderlin y Kleist (más que Goethe) "comprendieron" las diferencias entre los dos tipos de plan. Resonancias de este tipo, que ayudan a dilucidar el arte y la filosofía, pueden hallarse, por ejemplo, en lo que dijo Loos cuando se encontró con Wittgenstein: "¡usted es yo!".

[149] C2, págs. 365 y ss.

112

mente de allí en adelante. La filosofía no es teoría; es el arte de zambullirse en esa zona peculiar de "lo no pensado" que hace trastabillar los clichés y las ideas prefabricadas, es algo en lo que el arte y el pensamiento por igual se tornan vivos y descubren sus mutuas resonancias.

Pero hay otra complicación en la estética de Deleuze. Los conceptos que arranca a las artes suponen su propia "imagen de pensamiento" e incluso contribuyen a elaborarla. Su estética se ve involucrada así en una especie de lucha "intra-filosófica", y en toda su crítica hallamos un procedimiento peculiar que consiste en apelar a las artes para mostrar a la filosofía el camino de salida de la "imagen dogmática de pensamiento" que regía su labor. Ya hemos hablado de este tema en el caso del Idiota en la novela rusa, o en el de esa suerte de "estupidez" e "histeria" contra la cual escribió Flaubert. Análogamente, en su estudio del cine Deleuze declara que la función más elevada del cine (que es algo distinto de la generalidad de las películas) reside en mostrar, a través de los medios que le son propios, en qué consiste el pensar, cómo deben ser el cuerpo, el cerebro y el "autómata espiritual" para poder "pensar lo impensado". De hecho, se puede decir que Deleuze selecciona lo que es "cine" de la generalidad de las películas siguiendo precisamente ese criterio.[150] El mismo enfoque puede hallarse ya en su estudio sobre Proust, en el cual usó por primera vez la expresión "imagen de pensamiento". Ahí, Deleuze utiliza la concepción proustiana de la peculiar "inteligencia" de la literatura para pensar de nuevo la imagen platónica del pensamiento, incorporando la noción de "tiempo complicado" a su concepción del recuerdo y la noción de "virtualidad" a su doctrina de las esencias. El objetivo de esos procedimientos filosóficos en la crítica de Deleuze, sin embargo, no es de ningún modo "esteticista" ni "textualista". No hay intención alguna de abandonar la filosofía y adoptar el arte o el texto, ni de anular las diferencias entre ellos aun cuando surjan "zonas de indistinción", como sería el caso, según él, de las nociones contemporáneas de caos y complejidad. Por el contrario, el objetivo es determinar más cabalmente la "especificidad" de la filosofía y lo que puede hacer. Así, no hay ninguna "imagen de pensamiento" en las artes que sustituya a la filosofía y, en cada caso, el hecho de extraer la imagen se refleja nuevamente en la obra particular o su medio de una manera original.

[150] C2, pág. 219.

113

La formulación que hace Deleuze del problema del "estilo" en filosofía lo muestra con particular claridad. El hecho de que una filosofía tenga siempre un "estilo" no borra todas las distinciones que existen entre ella y las artes; por el contrario, las vincula de una manera nueva. Pues en la filosofía el estilo es precisamente una manera de forzar el lenguaje de modo de alcanzar conceptos que le son peculiares.[151] Como el propio Deleuze dice en un aparte sobre la tipografía y el diseño gráfico, el estilo jamás debe ser un sucedáneo del pensamiento; el mejor estilo es aquel que no llama la atención, como ocurre con la recóndita "línea volcánica" que recorre la sosegada geometría de la Ética de Spinoza. Al mismo tiempo, el estilo es una cuestión de "ascesis" o del "ejercicio" característico de una filosofía, como diría Foucault. Así, por ejemplo, Deleuze piensa que la forma de diálogo en Platón cuadra perfectamente al papel de los "amigos" y la "sabiduría" en la contienda dialéctica por arrancar las Formas de sus imperfectas instanciaciones en cosas o imágenes. Este "agon conceptual" muestra las relaciones de la filosofía con los deportes y con el teatro griegos, y pone de manifiesto una especie de "atleticismo" del concepto entre los "amigos del concepto" que puede verse también, por ejemplo, en esa suerte de "claridad combativa" de que hace gala Foucault en *Vigilar y castigar*. Deleuze piensa que no hay filosofía sin "*personae* conceptuales" y que, no obstante, esas *personae* no deben confundirse con personajes de ficción o artísticos ni deben entenderse como tipos sociológicos[152] aun cuando puedan existir "resonancias" con nuevas *personae* conceptuales, como sucede con la Histérica de Flaubert o el Dandy de Baudelaire en los escritos de Foucault, o puedan surgir nuevas "zonas de indistinción" en la relación entre arte y filosofía, como sucede en Duchamp o en Warhol.[153] Esas *personae* conceptuales como el Idiota de Descartes o el Defensor de Dios de Leibniz bien pueden tener "resonancias" en las artes, o en figuras sociales o políticas, pero la cuestión de crear un estilo en filosofía jamás consiste en trasladar simplemente esas figuras de otros campos. El estilo consiste en torcer y

[151] PP, págs. 192 y ss. Acerca del estilo de Spinoza, véanse las págs. 224-225.

[152] QP, págs. 63 y ss.

[153] Con respecto a Warhol como figura que prosigue el ataque de Flaubert a la "estupidez", véase Foucault, "Theatrum Philosophicum", pág. 361, así como la versión revisada del ensayo sobre la fantasía de la biblioteca.

114

transformar el lenguaje para crear las *personae*, la contienda o el juego más aptos para esas ideas singulares para las cuales no hay palabras ni historia preexistentes pero que, sin embargo, nos apremian con una oscura necesidad.

Se podría decir entonces del propio estilo de Deleuze –con el uso peculiar que hace de las palabras (incluida la misma palabra "concepto"), la composición en series o mesetas, la "lisura" dispar y sin costuras y el humor que lo caracterizan– que procura alentar los "usos" e impedir las "aplicaciones", sirviendo así como "intercesor" que acicatea la creación o el pensamiento en otros dominios no filosóficos. De ese modo, contribuye a mostrar en la práctica la "imagen de pensamiento" que, como hemos visto, Deleuze buscaba en su lógica y en su visión de "una vida". A la inversa, su lógica y su vitalismo llevan a dos principios fundamentales de su estética. Porque en su lógica Deleuze elabora una noción del "sentido" anterior a la instauración de códigos, lenguajes y "medios": todas las ideas han tenido un papel de bastante importancia en las artes y en lo que se dice acerca de ellas. La lógica de ese sentido otorga a su estudio de los signos y las imágenes en las artes un rango especial, irreductible al lenguaje o el código. Lo vemos no sólo en el análisis que hace de los signos en Proust sino también de las "imágenes" del cine: en cada caso, signos e imágenes forman parte de una lógica del "sentido y el acontecimiento", y no de la verdad y la proposición. Más en general, se puede decir que para Deleuze el arte "tiene sentido" antes de adquirir significaciones, referencias o "intenciones" identificadas a través de las instituciones de un *Sinn* público o un "sentido común". Uno de los problemas de su crítica, entonces, es alcanzar en cada caso el nivel en el que una obra o una forma de arte determinada intenta "construir una multiplicidad". Con relación a esta problemática "capa de sentido" que Deleuze intenta extraer de una obra determinada formulando los problemas conceptuales que plantea, se vuelven a pensar muchas nociones trilladas sobre el arte o la obra de arte, sus instituciones y su público.

Pero hay un segundo principio. Pues es en la construcción de ese sentido "prelingüístico, presubjetivo" que una obra puede plantear el problema de "una vida" tal como se despliega en el espacio y el tiempo de una sociedad o situación determinada. Dentro de cada obra o forma de arte, existe un punto nodal donde se intersecan la lógica y la vida –"espléndida impersonalidad" y "posibilidad vital"–, punto que la

115

crítica de Deleuze pretende descubrir de nuevo. Su crítica es, por consiguiente, "clínica" en un sentido particular que la filosofía comparte con las artes: el de la "gran salud" que Nietzsche distinguía de la "buena salud" ligada al confort y la seguridad. En verdad, quizá Deleuze sea el primero después de Nietzsche en encontrar una manera de practicar la estética como "gaya ciencia", arrancándola de los aforismos alpinos del alemán e injertándola en el corazón mismo de la "modernidad" urbana, en el núcleo de la "obra moderna" de Warhol, Flaubert, Burroughs y Kafka. Tal vez ése sea el secreto: quitarle a la estética su ropaje de tribunal y de juicio y hacer de ella un juego afirmativo de experimentación y novedad conceptual

– 2 –

En las últimas páginas de los dos volúmenes que escribió sobre el cine, Deleuze llega a conclusiones que reflejan algo de su concepción más vasta de la obra de arte, en particular de la moderna.[154] Esa cosa llamada "cine" que ha sido el objeto de su estudio, dice, no es un lenguaje ni un código narrativo ni un sistema de signos sino un "material inteligible" que cobra forma a través de un "devenir-arte", en realidad a través de dos, cada uno de los cuales implica un "régimen" distinto de imágenes y signos (aunque no un código ni un lenguaje): el régimen del movimiento y el régimen del tiempo. La idea de tal "devenir-arte" es una adaptación libre de la noción de Alois Riegl de una *Kunstwollen*, una "volición artística " y, como en Riegl, se opone a cualquier determinismo histórico o contextual: "este estudio no es una historia", declara Deleuze al comienzo de su obra sobre el "cine". La noción de una "volición artística" que da forma a un material "expresivo" o "inteligible" se desarrolla a través de los dos volúmenes de manera compleja y a menudo dramática, y nos guía hacia la cuestión que cierra toda la obra: en nuestra cultura teleinformática contemporánea que torna borrosas todas las diferencias entre lo artificial y lo natural, ¿qué nuevos materiales expresivos y qué devenir-arte (qué nuevo "régimen" de signos e imágenes) podemos todavía inventar?

¿Qué implica, entonces, semejante cuadro? No se debe

[154] C2, págs. 342 y ss.

116

confundir un "material" inteligible con la materia o el contenido en un medio ya codificado. Y el "devenir-arte" que le da forma no debe confundirse con una historia; más bien, es la actualización en un material de nuevas potencias o fuerzas con las cuales experimentar. En ese gran arte industrial que es el cine podemos distinguir así dos "regímenes". Cada uno de ellos emerge de condiciones sociales y políticas particulares y cada uno corresponde a distintas posibilidades no sólo para el arte sino para el pensamiento y el rol del intelectual, separadas por ese gran acontecimiento que fue la guerra que se avecinaba. No obstante, nadie podría haber previsto esos "devenir-arte" ni los puede explicar cabalmente cuando los contempla desde hoy; precisamente por eso fue necesaria la intervención de una "voluntad de arte". Porque esa "voluntad" no fue la suma de intenciones subjetivas ni la expresión de un programa colectivo; tuvo otro sentido y otras consecuencias. En efecto, el "yo" y el "nosotros" no son anteriores a tal "devenir-arte" sino que forman parte de su invención, su experimentación. Es que la "volición artística " comienza sin público alguno, no obedece a ninguna "norma intersubjetiva" de juicio ya establecida, no se reduce a ninguna definición sociológica o institucional, y excede a cualquier vanguardia con sus popes y maestros: por eso, precisamente es fuerza y promisión.

Se podría decir que, al estudiar de esta manera los sucesivos "regímenes" de las imágenes del movimiento y el tiempo en el cine, Deleuze elabora también dos principios de su estética. El primero dice que los que participan en el "devenir-arte" de un material expresivo –los que se ven atraídos o transformados por él, o los que inventan maneras de ver y decir cosas nuevas por medio de él– no son preexistentes a él sino que son inventados a su vez durante el proceso. Si hay "voluntad" en el arte, no corresponde a ningún "agenciamiento" conocido o identificable; se trata de muchas personas y disciplinas distintas que hablan y ven simultáneamente de un modo nuevo, interfieren y resuenen entre sí, gracias a un material de expresión aún informe o no codificado. Quizá este principio se haga más evidente en las imágenes-tiempo que en las imágenes-movimiento. Pues con las imágenes-movimiento, que contribuyen a hacer visibles los "mecanismos de las masas", uno todavía puede abrigar la ilusión de un agenciamiento colectivo que los intelectuales podrían "representar", ilusión que Hitler habría de explotar (y destruir, dice

117

Deleuze con Syberberg). Después de la guerra, cuando esas ilusiones ya no eran creíbles, surgiría otro tipo de "devenir-arte" en el material expresivo del cine: se comenzaría a mostrar algo intolerable para lo cual no existe ningún proyecto ni programa colectivo y que, así, plantea la cuestión del "agenciamiento" o del "tiempo del agenciamiento" de otro modo, al cabo del tiempo, en términos de "minorías" y del modo en que incorporan su "devenir" a la historia oficial de las mayorías. Es entonces con las imágenes-tiempo que el cine de posguerra declara, por así decirlo, más explícitamente, "el pueblo falta; todavía no esta ahí", idea que Deleuze quiere convertir en el rasgo fundamental de la "volición artística ". Es algo que podemos encontrar con anterioridad, en las cartas de Kafka de un modo, en el período de Klee en el Bauhaus de otro. Así, Deleuze dirá que en todo arte, para todo arte, el pueblo nunca está dado y debe inventarse otra vez. Por eso debemos mostrarnos precavidos ante los diversos modos en que el arte conceptual sirve simplemente para "devolver el concepto a la doxa del cuerpo social o de la gran metrópoli estadounidense".[155] En cuanto pre-supuesto de un "devenir-arte", el pueblo que todavía no está ahí no debe confundirse con "el público" ni con normas intersubjetivas trascendentales supuestas por "el público"; por el contrario, ayuda a mostrar por qué el arte (y el pensamiento) no son nunca cuestión de "comunicación", por qué para ellos siempre hay demasiada "comunicación". Es que supone una condición de otro tipo, no transcendental sino experimental. Descubrimos así un segundo rasgo de la "volición artística" o un segundo principio de la estética que intenta captarla. Si el arte, o la "voluntad de arte", supone un pueblo que falta, que está todavía por venir, es porque surge en condiciones peculiares, que permiten que aflore algo nuevo. Por esta razón, uno de los problemas de la estética de Deleuze es decir en qué consisten esas condiciones y en qué se diferencia su búsqueda del intento de encontrar condiciones trascendentales para el juicio. Pues la idea de "novedad" en este caso no debe confundirse con las "modas" visibles ni con la manera en que se las

[155] QP, pág. 187. Deleuze piensa que, volviendo "informativo" el plan de composición y haciendo al mismo tiempo que la sensación dependa de la "opinión" del espectador acerca de si es arte o no, el arte conceptual se arriesga a perder el concepto y el arte, como si le fuera imposible alcanzar esa zona de lo no pensado, anterior a las regularidades que conectan entre sí las imágenes y las palabras, dentro de las cuales el concepto y el arte se encuentran de hecho.

manipula y promueve: por el contrario, es algo que nos ocurre pero que no vemos o no podemos ver, algo que sólo podemos ver si nosotros mismos nos tornamos "imperceptibles". En la estética de Deleuze, la "voluntad de arte" tiene que ver siempre con la aparición de algo nuevo y singular que nos precede y nos exige "inventarnos" como otro pueblo.

Nos hallamos así a cierta distancia de las nociones más tradicionales de los "medios" del arte en la medida que ellos suponen un código o lenguaje para un sujeto, agente o público preexistente. Por esa razón entre otras, Deleuze se encontró enredado en lucha con ciertas ideas estructuralistas o formalistas de la época, y a menudo presentó su concepción de los materiales expresivos informes aún como alternativa a ellas. Así, responde a Christian Metz diciendo que el cine no es en primera instancia un código narrativo "estructurado como un lenguaje" y explotado acríticamente por Hollywood. Para él, la narración es sólo una de las consecuencias del régimen de imágenes-movimiento, y la ruptura con la narración excede entonces la cuestión de una autorreferencia crítica a un código narrativo. Deleuze no apreciaba demasiado la idea misma de "autorreferencia crítica" en el cine ni en otros campos. Después de la guerra, se produce una suerte de crisis en la idea misma de qué es una "imagen", que luego termina en la invención de nuevos procedimientos cinemáticos que hacen del neorrealismo, por ejemplo, más que un retorno a los contenidos sociales, el comienzo de toda una nueva *Kunstwollen* cinemática. Lo mismo vale para la pintura, que a menudo se considera como el avatar de la idea de "autorreferencia crítica" en la obra moderna. Así, lo que Deleuze denomina la "lógica de la sensación" en la pintura tampoco debe confundirse con un código o lenguaje del tipo que soñaron Kandinsky o Mondrian.[156] Por el contrario, utiliza "rasgos diagramáticos" que sirven para crear el espacio pictórico en términos corpóreos que se alejan de la concepción clásica de la pintura como ventana rodeada por un marco.

Antes de ser código pictórico, entonces, la pintura es así "material de expresión" informe aún, presubjetivo, y los vínculos entre manos y ojos, rostros y paisajes, subyacentes a sus códigos no agotan sus posibilidades. Es más, desarticular esos vínculos no es cuestión de una autorreferencia crítica de un medio ni de la purificadora o reduccionista noción de

---

[156] En *Constructions* (MIT, 1998), analizo la cuestión de la abstracción y el diagrama.

abstracción asociada con ella. Por ejemplo, en los singulares retratos "borrosos"* de Francis Bacon encontramos una "voluntad" de expresar algo anterior a la narración, la figuración o la ilustración, algo que implica nuevos tipos de espacio y de color. Para Deleuze la pintura no es el modelo de abstracción reduccionista de todas las otras artes, como pensó Clement Greenberg. Como ocurre con el intento de Bacon de descubrir una violencia no ilustrativa del espacio corporal, anterior a la significación y la subjetividad, es más una especie de lengua visual menor o extranjera en el seno de lo que nos hemos acostumbrado a ver. Por eso Deleuze se apropia de otra de las máximas de Klee: "no reproducir lo que ya podemos ver sino hacer visible lo que no podemos ver". Pues en todo arte hay una violencia de lo que es anterior a la formación de códigos y sujetos, condición para que un material expresivo vea y diga las cosas de una manera nueva.

– 3 –

¿Qué querría decir entonces pensar el arte o la obra de arte en relación con esa violencia? Desarrollando algunas ideas de Blanchot, Foucault había intentado comprender la "locura" peculiar de la obra moderna como una especie de "abscence d'oeuvre", una especie de "no-obra", para volver a descubrir su propia visión del anonimato del discurso como condición o acontecimiento, el nacimiento de algo nuevo.[157] Deleuze se refiere a menudo a ese intento, desarrollándolo a su propia manera: habla de hacer que la visión y el lenguaje tartamudeen, como si hablaran una lengua extranjera y dijeran "...y, y, y" en lugar de "es". Pero Deleuze jamás quiso hacer una teología de esa "ausencia" como si fuera el indicio de una Ley: para él era una cuestión de multiplicidad o de construcción de la multiplicidad, y no de un vacío trascendental. Nunca se vio tentado de transformar los vacíos o silencios de la obra moderna en una metafísica mística de lo Indecible o lo Invisible. Lo que él identifica en la obra moderna, esa "no obra" que se manifestaría en toda obra, es más bien lo que denomina

* El autor hace aquí un juego de palabras intraducible. Escribe "effaced", jugando con la palabra inglesa "effaced", borroso, y una posible derivación negativa de la palabra "face" (rostro) formada por la partícula negativa e + face, que querría decir "sin rostro". (N. del T.)

[157] Foucault, "la folie, l'abscence d'oeuvre", en Dits et écrits I, págs. 412 y ss.

120

"posibilidad en el sentido estético, alguna posibilidad sin la cual me asfixio". En un mundo moderno de estupidizante banalidad, rutina, clichés y reproducción mecánica o automatismo, el problema consiste en obtener una imagen singular, una manera vital y múltiple de pensar y decir, no un sustituto de la teología ni un "objeto con aura". Se trata de crear un "plano de composición" más que un plan teológico, organización realizada desde arriba o llevada a cabo por un ojo independiente, esbozo que está en la mente de Dios, evolución desde las supuestas profundidades de la naturaleza o las potencias de la sociedad. Así, la obra moderna es "caosmótica" en el sentido de Joyce: opera a través de series y variaciones de superficie, como cuando Warhol incorpora pequeñas diferencias a las series de imágenes o como ocurre de manera más "obsesiva" en el *nouveau roman*. Aun las posturas corporales de "agotamiento" en Beckett no deberían leerse como una ontología de la "muerte de Dios" ni como un sustituto de una teología desencantada sino como un diagnóstico de lo que son el cuerpo y el mundo cuando todas las posibilidades parecen "agotadas".[158] Pues lo que importa en una obra no es el "espacio vacío" sino ese otro plan "espinozista" que aparece antes de que se especifiquen las formas y se constituyan los sujetos, la cuestión de construir multiplicidades.

Por ende, la obra no se *inicia* en un afanoso encuentro con el "espacio vacío" y no trata de despojarse para revelar el Ser. Comienza con probabilidades y luego trata de extraer de ellas singularidades reunidas en otro tipo de plan de composición: incluso la obra de Mallarmé debería pensarse de nuevo en esta dirección. Así, Deleuze declara que "el pintor no pinta sobre una tela vacía, el escritor no escribe en una página en blanco; la página y la tela ya están recubiertas de clichés preexistentes, preestablecidos",[159] que es necesario borrar totalmente para encontrar un espacio o posibilidad vital y singular. Ese espacio no es un vacío imposible de tocar sino lo que Deleuze llama a veces un "desierto", como lo hace en el estudio sobre Bacon cuando dice que el objetivo es "incorporar al cerebro algo del Sahara".[160] Pues el desierto está

[158] "L'Epuisé", postfacio a Samuel Beckett, *Quad*, 1992.
[159] QP, pág. 192.
[160] FB, pág. 56. En *Sahara; l'esthétique de Gilles Deleuze* (Vrin, 1990), Mireille Budens elabora de manera muy competente la relación entre el tema del Sahara y el descubrimiento de una materialidad expresiva anterior a la "buena forma" (y, por ende, a la materia y el contenido). En

121

poblado por nómades o por un azar y una distribución espacial de carácter nomádico, el mismo tipo de azar que, a diferencia de las "probabilidades" surrealistas, ninguna tirada de dados puede abolir. Lo mismo puede decirse de las "imágenes" del cine y de la manera en que se liberarían de los clichés *ambient*, y también de ese tipo de "cerebro" que Leo Steinberg ya vio en los "compuestos" de Rauchenberg.[161] En *Cinema 2*, Deleuze proclama que la nuestra no es la civilización de la imagen sino de los clichés, en la cual todo el problema consiste, precisamente, en extraer de allí una imagen genuina. Así, debemos volver a pensar la idea misma de "imagen" (y de cerebro) liberada de cualquier programa previo, cualquier punto de vista externo o "mirada" inmutable.[162]

Por eso Deleuze jamás se vio atraído por la idea de una gran "ruptura posmoderna", y Guattari fue francamente hostil a ella. Pues ya en la obra moderna la cuestión no reside en ninguna "ansiedad", ninguna ausencia, ningún Ser, sino en la "intensidad", la posibilidad y la singularidad. A la ironía, el escepticismo y el afán de hacer citas de los cuales se enorgullece el posmodernismo, Deleuze opuso una suerte de humor del sentido y el sinsentido, del tipo que podemos encontrar en la lógica de Lewis Carroll o en la patafísica de Alfred Jarry, precursor de Heidegger. No tenemos que buscar su idea de "simulacro", en el cual no se puede distinguir ya al modelo de la copia, en el "hiperrealismo" sino en Robbe-Grillet o en Beckett y, anteriormente, en los zigzagueantes

---

el prefacio que escribió para ese libro, Deleuze vincula los materiales expresivos "aformales" a "lo que es esencial para mí, ese 'vitalismo' o concepción de la vida como potencia no orgánica" (pág. 6).

[161] C2, pág. 349. Deleuze utiliza de manera original el "otro criterio" de la pérdida de la verticalidad y de la visión frontal como rasgos característicos de la "imagen electrónica" (la del video y la digital). Véase también PP, págs. 76-78.

[162] C2, pág. 33. En este aspecto, el libro de Deleuze no sólo se aparta de la "teoría de la mirada" inspirada en Christian Metz sino también de la "teoría del espectáculo" que contempla la imagen como una "alienación" que es producto de la transformación de todo en mercancía. La cuestión de la imagen en el neorrealismo forma parte para Deleuze (a diferencia de la crítica marxista sobre la falta de "agenciamiento") de un arte de ver algo que es intolerable en situaciones nuevas que no hay manera de describir ni de juzgar. La distancia con la teoría del espectáculo ayuda a explicar por qué Deleuze no se vio jamás atraído por la categoría de lo posmoderno. La cuestión de crear un nuevo tipo de "imagen" está en las obras denominadas modernas tanto como en las posmodernas.

122

átomos de la física estoica. Deleuze piensa que en todo arte (o en cualquier cosa que merezca el nombre de tal) podemos hallar un intento de liberación de la asfixia de las posibilidades dadas, las ideas prefabricadas: incluso en los grandes maestros del pasado vemos una lucha contra la inmovilidad, la catatonía, contra la "depresión" para decirlo con una sola palabra. Hay una lógica en esa lucha: destilar la posibilidad de la probabilidad, la multiplicidad de la unidad, la singularidad de la generalidad; la lógica de "una vida". Por consiguiente, el problema fundamental de la concepción más vasta de la estética para Deleuze consiste en incorporar esa "intensidad" a la idea misma de "sensación" y a nuestra relación con ella, incorporarla al concepto mismo de "aisthesis". En lugar de buscar las "condiciones de posibilidad" de la sensación, podríamos entonces buscar en la sensación las condiciones de otras posibilidades de vida y de pensamiento.

– 4 –

En un apéndice a su conferencia sobre el origen de la obra de arte, Heidegger dice que en la "aisthesis" el arte muere, agonizando a lo largo de varios siglos, y que el oficio de pensar debe retroceder entonces y volver a descubrir el sentido de un arte relativo a la verdad o a la revelación de mundos.[163] Deleuze avanza en otra dirección; su problema no es la verdad sino la "posibilidad en el sentido estético", algo que, si bien es "secreto", no es lo oculto que será revelado después. Así, dice que en Kant la idea de la "estética" se divide en dos: están las "formas sensibles" en cuanto condiciones de la experiencia posible y hay también una teoría de la belleza (y por ende del arte) como una suerte de "realidad refleja" fundamentada en una serie de analogías. Lo que ocurre en la obra moderna, considerada como "intensiva", no es entonces solamente una ruptura con esas analogías sino con la noción misma de lo sublime en Kant.[164] O, como el propio Deleuze

[163] En Poetry, Language, Thought (Harper, 1971), pág. 79 y ss., Martin Heidegger dice que la aisthesis entendida como "aprehensión sensible en el sentido más amplio" o como Erlebnis es "el elemento en el cual muere el arte" a lo largo de varios siglos. Pues el "origen" del arte reside, en cambio, en revelar el mundo de un pueblo histórico o Volk. En mi libro Constructions (MIT, 1990), analizo la idea de Deleuze de que en esos fragmentos Heidegger confunde tanto la idea de "pueblo" como la de "Tierra".

[164] DR, pág. 94. Véase también LS, pág. 300.

123

dice en un sorprendente pasaje de *Diferencia y repetición*, "Ariadna se ha ahorcado... La obra de arte abandona el reino de la representación para hacerse 'experiencia' (o 'experimento'), empirismo trascendental o ciencia de lo sensible".[165] En la "estética" resultante, la figura del experimentador ocupa el lugar del Juez de Kant.

¿Qué quiere decir entonces arrancar al "ser de sensación" de la representación y transformarlo en material de experimentación? Tendríamos un ejemplo en la obra moderna, o en la "locura" de la obra moderna postulada por Foucault: la literatura moderna extrae un "ser de lenguaje" anterior a las disposiciones epistémicas o discursivas de las palabras y las imágenes, que alcanza ese "murmullo anónimo" del discurso del que emergen los epistemes y en el cual naufragan. Nuestra relación con ese "ser de lenguaje" sería muy distinta de la del período clásico, en el cual el lenguaje estaba subordinado a la "representación"; Foucault pensaba que nos exponía a una locura peculiar. Arrancar la sensación de la representación es así descubrir algo loco e impersonal en ella, algo anterior al "yo pienso" o el "juzgamos"; es desgajarlo de la relación de sujeto y objeto implícita todavía en la concepción de "representación" de Kant, y liberarlo del sometimiento a esa especie de "*sensus communis*" que Kant todavía concebía implícito en el juicio. Así, la "*aisthesis*" alcanza la modernidad u otro sentido de la modernidad, que no es el de un tribunal de juicio estético, diferente del de la ciencia y la moral aunque vinculado con ellos. Lo vemos, por ejemplo, en las "iluminaciones" que tornan visible lo que aún no se puede ver ni pensar, o en esos mundos sin centro en los cuales pueden coexistir "perspectivas" dispares o múltiples, muchas ciudades distintas en una misma ciudad. Modernidad que, en palabras de Deleuze, prefiere hablar de *lumières* en plural sin tratar de incorporarlas todas en un programa peraltado que lleva el nombre de "Iluminismo".

Porque destilar la sensación de la representación haciéndola materia de experimentación y no de juicio significa liberar el arte de ver de su sometimiento al concepto o al discurso previo. Deleuze intenta mostrar que la obra moderna se aparta de un "esquematismo" que vincula la intuición al concepto. Pues no sólo es variable la relación entre los dos:

---

[165] DR, pág. 79. En una reseña sobre esa obra, Foucault toma como eje este pasaje. DE I, pág. 767 y ss. Acerca del "empirismo trascendental", véase "Immanence: a life" en PI.

124

además, lo que los vincula no es un "esquema" sino condiciones de otro tipo, de las cuales puede partir la obra como ocurre por ejemplo, según Foucault, en el modo en que Magritte aniquila precisamente la relación clásica o "representacional" entre ambos. Análogamente, Lyotard analizó cómo en la obra moderna las relaciones entre figura y discurso se liberan de los supuestos clásicos de la narración y la figuración.[166] Recurriendo en distinta proporción a esos dos autores, Deleuze propone ampliar la distinción establecida por Riegl entre "lo óptico" y "lo háptico".[167] Los ve hablando de dos maneras distintas de ver o de dos "especializaciones" diferentes de la visión, relativas, por ejemplo, a lo que consideramos cercano o lejano. El "espacio háptico" se adelanta así a lo que en el "espacio intensivo" de la obra moderna habría de apartarse de la percepción de figura-suelo y la coordinación de ojo y mano tan caras a psicología de la *Gestalt*: por ejemplo esos "espacios desconectados" que explora el cine moderno, los problemas que plantea la muralla china de Kafka o el extraño mundo sin "el otro" que aparece en la novela de Tournier *Vendredi*. De maneras distintas, la obra moderna escinde lo que el esquematismo kantiano une; muestra que el decir y el ver no están relacionados como concepto e intuición, forma y contenido o significado y significante, como suponen las ideas más "formalistas" del modernismo.

Separar la sensación de la representación, entonces, es contemplar el espacio y el tiempo como "formas de intuición" que hacen posible el "yo pienso" que acompaña toda representación, y hacerlos parte de una "experimentación" estética. Nuestra relación con el espacio y el tiempo –nuestra espacialidad o temporalidad– va cambiando, y la obra muestra ese cambio, pone de manifiesto, por decirlo así, aquello con lo que habrá de "experimentarse" en el espacio y el tiempo. Ya lo hemos visto en el caso del tiempo: hay una suerte de indeterminación temporal en el despliegue de una vida, anterior al "yo pienso" de las representaciones o a la "síntesis de lo múltiple" [*synthesis of the manifold*]. Precisamente ese tiempo implícito en nosotros no puede incluirse en ningún mo-

---

[166] Jean-François Lyotard, *Discours / figure* (Klincksieck, 1972).

[167] MP, págs. 614 y ss. Inspirándose en Henri Maldiney, Deleuze propone ver la distinción de Riegl desde el ángulo original de lo que él llama "espacio liso". Eso lo obliga a pensar de nuevo a Pollock y a la abstracción de un modo que continúa el peculiar "egipcianismo" de Bacon. FB, págs. 79 y ss.

vimiento anterior, cíclico ni lineal, y es ese tiempo el que, según Deleuze, explora el cine en las imágenes-tiempo. Pero junto a ese "tiempo desarticulado" hay un cambio en el espacio y en nuestra experiencia o experimentación con el espacio: pasamos de una espacialidad "extensiva" a otra "intensiva". Nos encontramos con un espacio "infundado" o "in-fundante" (effondé) dado por una "síntesis asimétrica de lo sensible" que se aparta de la "buena forma" de los objetos en el ambiente, como ocurre, por ejemplo, en la síntesis kantiana de lo múltiple.[168] Pues al alejarnos de la idea de objetos-con-propiedades, bien-constituidos, y del tipo de distancia y de relación que ellos suponen, nos apartamos también de la idea de extensión (de un espacio divisible partes ex partes). Deleuze descubre entonces un tipo de espacio amorfo o informe, en el cual Husserl vio los orígenes de la geometría.[169] Deleuze piensa que Husserl debió haber extendido su fenomenología a esos espacios en lugar de hacerlos parte de la génesis de las figuras geométricas canónicas. Pues lo que muestra la obra moderna es que muchas relaciones corporales o kinestésicas en la espacialidad "intensiva" son distintas de las de la "extensiva". Nos movemos en el espacio de un modo que ninguna "extensión" puede reflejar en un mapa; lo "llenamos" según diagramas informales que no lo organizan por entero, de modo que el espacio y nuestros movimientos a través de él son inseparables el uno de los otros. Esto es lo que, para Deleuze, Deligny exploró cuando hizo un trazado de los movimientos de los niños autistas o lo que Klee sugirió en sus Pedagogical Sketchbooks, y debemos preguntar cómo deberían ser nuestro cuerpo y nuestra mente para que seamos capaces de semejante espacialidad "intensiva" o "experimental". El "espacio intensivo" nos transporta allende las formas del "cuerpo vivido" que describe la fenomenología.

De alguna manera, la fenomenología acompaña a las artes en su esfuerzo por rescatar la "sensación" de la clausura en la representación, o de su sometimiento al sujeto de la representación. Henri Maldiney, por ejemplo, muestra que las artes abandonan el papel que Hegel asignó a la representación al

---

[168] En uno de los capítulos de Diferencia y repetición, dedicado a la "síntesis asimétrica de lo sensible", Deleuze distingue entre el espacio extensivo y un "espacio intensivo" anterior a él. Su característica es el effondement (lo infundado). Véase Constructions, op. cit.

[169] MP, págs. 454 y ss. Véase Constructions.

126

comienzo de su fenomenología de las *Gestalten* del Espíritu.[170] Pero Deleuze cree que hay un resto kantiano en la fenomenología, es decir, que ella reincorpora la trascendencia en el "mundo-vida" y conserva en consecuencia algo del don emponzoñado de la filosofía trascendental: todavía procura alcanzar las condiciones de juicio en lugar de las de la experimentación. Y luego reclama de las artes que nos muestren, precisamente, ese elemento de trascendencia. La fenomenología aún *necesita* que las artes nos "revelen el mundo", cuyas condiciones luego describe, reclama una especie de Urdoxa en la cual la "carne" [*flesh*] del mundo y del cuerpo coincidirían. Así, Merleau-Ponty necesita que Cézanne le muestre las "cosas mismas", mientras que Bacon lleva la "lógica de la sensación" más lejos, no ya al mundo cuasi espiritual de "la carne" [*flesh*] sino al de la violencia de "lo carneado" [*meat*]. "Frágil es la carne" [flesh], dice la fenomenología de Deleuze.[171] Pues la sensación sólo se convierte plenamente en materia de experimentación cuando no está ya enclaustrada en la concepción trascendental del mundo que la fenomenología intenta todavía discernir, sólo cuando las posibilidades de "una vida" se liberan del "mundo-vida" fenomenológico y de la manera en que sirve aún para condicionar la percepción.

Todo esto se pone especialmente de manifiesto en el papel del "afecto" como tipo de sensación, importante en particular en la música y en la danza. Ya hemos visto que lo que Deleuze llama la inmanencia de una vida no debe confundirse con el misticismo del advenimiento del Ser, que debemos aguardar con paciencia y piedad. El problema de la "intensidad" que él plantea nada tiene que ver con la ansiedad previa a nuestro acceso al Ser, así como la piadosa espera de su revelación nada tiene que ver con su idea de nuestra dignidad. El meollo de la estética experimentalista de Deleuze es esa "asfixia" contra la cual está dirigida la búsqueda de "posibilidades en el sentido estético". El afecto fundamental que encarna esa

---

[170] Henri Maldiney, "Regard, parole, espace" (*L'âge d'homme*, 1973 y 1994), págs. 254 y ss.

[171] QP, págs. 168-169. La idea de "la carne" [*flesh*], piadosa y sensual a la vez, mezcla de sensualidad y religión" (pág. 169), se encuentra ya en Heidegger y en Husserl. Deleuze piensa que la inconclusa genealogía de la carne como objeto de confesión en Foucault podría contribuir a establecer una distancia de ella, pero al contraponerla a "la carne" [*meat*] de Bacon se ve obligado a discrepar incluso con la visión de la religión o del catolicismo que manifiesta su obra.

asfixia es la depresión, o lo que Spinoza llamaba "las pasiones tristes" porque, como señala Lacan, para Spinoza la depresión es una especie de fracaso ético.[172] El afecto en Spinoza se convierte en la sensación de lo que alienta o impide, acrece o decrece, las potencias de la vida que somos capaces de movilizar mutuamente. En un sentido "ético" similar, Deleuze propone sacar a categorías clínicas (como la "histeria", la "perversión" o la "esquizofrenia") de su contexto jurídico y psiquiátrico, y transformarlas en materia de experimentación de modos de vida en el arte y la filosofía, o en categorías de una "clínica" filosófico-estética. Antes de nuestro mundo de Prozac, Freud intentó comprender la "melancolía" (y su relación con las artes) como el trabajo de duelo vinculado con una pérdida o una ausencia. Pero Deleuze piensa que hay un "no duelo" que exige más trabajo aún, pero promete más alegría. Considerada en términos filosófico-estéticos, se podría decir entonces que la melancolía es la sensación correspondiente a una idealización infeliz, y que el antídoto para ella no debe buscarse en la rememoración y la identificación sino en un olvido activo y en la experimentación afirmativa con lo que todavía está por venir.

– 5 –

En sus escritos sobre el cine, Deleuze desarrolla de otra manera esta idea de la sensación como experimentación y clínica de posibilidades vitales: la vincula con el sistema nervioso hablando de una especie de "neuroestética". Las ideas medulares de "imagen" y de "signo" en su estudio del cine no se elaboran a través de un matrimonio entre el psicoanálisis y la lingüística, sino a través de la ciencia nerviosa que predominaba en la época en que nació el cine, y de la cual surgió el psicoanálisis. Así, encuentra en Bergson una "filosofía del cerebro" original, opuesta a la idea del

[172] Jacques Lacan, *Télévision* (Seuil, 1974), págs. 39-40. Esta alusión a la gaya ciencia podría relacionarse con la afirmación humorística de que sólo los santos ríen (el santo "*décharite*") (pág. 28). En la propia obra de Lacan encontramos un humor característico, en el sentido de Deleuze: a diferencia de la ironía que se fundamenta en relaciones de negación y en la Ley, ese humor se manifiesta en el sentido y el sinsentido, como si Lacan fuera más allá de su catolicismo para alcanzar una gaya ciencia anterior a la Ley y a su Orden, un poco a la manera en que Deleuze propone (en LS, pág. 236 y ss.) ver a Edipo como figura cómica.

128

reflejo en nuestras concepciones de la memoria y la acción. Entonces, el desplazamiento de las imágenes-movimiento a las imágenes-tiempo puede verse como el desplazamiento de una concepción del cerebro a otra: de un cerebro kinestésico o de movimiento al cerebro como una especie de "sistema incierto" que opera mediante "rupturas irracionales".[173] Así, el tiempo surge como tal ("desarticulado") cuando el cine se aleja de ese mundo de acciones y reacciones que se puede hallar, por ejemplo, en el "cerebro-reflejo" de las películas norteamericanas, y se ocupa, por así decirlo, de todo lo que acontece entre el estímulo y la respuesta. Pero la relación entre los sistemas nerviosos, las sensaciones artísticas y las "psicologías" filosóficas va más allá de tales "resonancias" con el cine. La idea de "sensación" en la pintura moderna, por ejemplo, puede entenderse en ese contexto. Por eso, los *Principles of Psychology* de William James (quien no era ajeno al problema del afecto depresivo y la movilidad de las cosas que están haciéndose) sigue siendo una obra filosófica de importancia capital. En James, como en Bergson, la filosofía parece ir de la mano de la escritura y del arte (piénsese en el "fluir de la conciencia"), al punto que las perturbaciones nerviosas y las condiciones de vida en la ciudad moderna fueron un tema fundamental de esa "neuroestética". Los escritos sobre el cine permitieron a Deleuze indagar en la clínica de la "sensación", cuya lógica en la pintura ya había expuesto en el estudio sobre Francis Bacon.

Cuando Deleuze dice en *¿Qué es la filosofía?* que "el arte es sensación y nada más", intenta captar una idea que atraviesa toda su obra: que la palabra "sensación" ha de entenderse en términos de la expresión lexicalizada resultante, en el cual la "sensación" no está determinada por la representación y se expresa en imágenes y signos de otro tipo, que hacen de ella un "empirismo trascendental" o una experimentación estética con lo singular o lo nuevo. Las sensaciones, pues, no han de confundirse con los estados subjetivos, ni con lo que se puede "captar con los sentidos", ni con el "sensacionalismo". Por el contrario, a Deleuze lo impresiona lo que dijo Cézanne al respecto, contra los impresionistas: que las sensaciones son cosas en sí mismas, y no en nosotros. También ve la violencia de las "sensaciones" de Bacon como algo que apunta directamente a los clichés del sensacionalismo fotográfico. Los afectos y los perceptos son las dos formas fundamentales

---

[173] *Cinema 2*, págs. 265 y ss.

129

de sensación, y puede decirse que el arte es una combinación de ambos. Pero los afectos, que involucran especialmente a la música y la danza, no deben confundirse con los sentimientos personales, y los perceptos, propios de la literatura y de las artes visuales, no deben confundirse con objetos que se ofrecen al sujeto que percibe. Como en lo que Freud llamó "emociones inconscientes" –como el sentimiento de culpa–, los afectos están allende los sujetos que los atraviesan; son impersonales, incluso inhumanos. Asimismo, los perceptos no son modos de presentar la naturaleza a un ojo, sino una especie de paisaje, urbano y natural a un tiempo, en el cual uno debe perderse para ver con ojos nuevos como ocurre, por ejemplo, en Mrs. Dalloway. Tenemos relaciones peculiares con las sensaciones que llamamos "arte". Los materiales se hacen expresivos (despliegan una "voluntad de arte" o "devenir-arte") precisamente cuando realizan sensaciones de este tipo y, a la inversa, el objetivo del arte consiste en extraer sensaciones de lo que se puede percibir habitualmente con los sentidos –de los hábitos de percepción, la memoria, el reconocimiento, el acuerdo– y hacernos ver y sentir de manera nueva e imprevista. Esa combinación de sensaciones que es la obra de arte (o la obra en el arte) no debe confundirse así con su soporte material (como ocurre con las ideas minimalistas del "medio") ni con las técnicas (como ocurre con la idea informática del medio). Es una cosa peculiar que precede a los soportes físicos y medios tecnológicos sin los cuales, empero, no existiría, y que puede incluso sobrevivirlos.

Pero el arte no se limita a extraer esas "sensaciones". También las integra en una especie de construcción, de modo que toda obra tiene una arquitectura, aunque sesgada o no euclidiana. Así, el arte es menos una encarnación de un mundo-vida que un extraño constructo que habitamos sólo mediante la transmutación o autoexperimentación, y del cual emergemos renovados, como dotados de una nueva óptica o un nuevo sistema nervioso. Una pintura es ese tipo de constructo más que una encarnación; de hecho, puede desviarse por eso mismo de las relaciones ojo-mano-naturaleza o rostro-paisaje vinculadas con la encarnación fenomenológica. Sin embargo, en el cine visto como una especie de "autómata espiritual" o "psicomecánica", la cuestión de la sensación se plantea de otro modo y comienza, por ejemplo, con la distinción que hace Bergson entre reconocimientohábito y reconocimiento-atención.[174] Pero en el cine advertimos que este problema de la "atención" nos aleja muy pronto de lo que cabe en los ambientes kinestésicos, y plantea la cuestión de otra manera de ver o *voyance*. Se requiere otro tipo de cerebro, capaz de habérselas con zonas de indistinción entre el estímulo y la respuesta, y con el extraño y desarticulado sentido de la continuidad y del tiempo que surge de ellas. Eso es lo que cine explora desde distintos ángulos: con los colores en Antonioni y el trauma en Resnais, por ejemplo. Más en general, a través de ese cerebro neuroestético, el cine diagnostica nuevos espacios y tiempos en la ciudad europea de posguerra, como antes sucedió con la "modernidad" metropolitana que exploraba la pintura, según Baudelaire. En otras palabras, la cuestión general de la "posibilidad en el sentido estético" se reviste de un ropaje neurológico con aspectos clínicos o diagnósticos. Y es aquí donde Deleuze vuelve a Pierre Janet para comprender los "automatismos" mecánicos y luego plantea la cuestión de los informáticos, que Godard y Syberberg empezarían a diagnosticar en sus críticas cinemáticas a la "sociedad de la información". El problema neuroestético de la sensación puede formularse entonces de este modo: o bien crear conexiones nuevas, nuevos vínculos o "transmisores" vitales en el cerebro, o bien caer una vez más en una especie de "deficiencia del cerebelo", una debilidad del tipo de la que se experimenta con el mal cine y, *a fortiori*, caer en el "mundo-como-mal-cine" con el cual nos confronta, según Serge Daney, la televisión.[175]

Es decir, la neuroestética se hace posible cuando la sensa-

---

[174] *Cinema 2*, págs. 62 y ss. Deleuze quiere llevar la idea de "atención" más allá del reconocimiento o la reidentificación de objetos al punto en que operaría como una especie de antídoto para la "distracción" del reconocimiento. Un método es adoptar una "lógica de la descripción distinta de la de Russell" (nota 3, págs. 63-64), que podría desenvolverse, por así decirlo, incorporando el elemento del tiempo al principio de Elizabeth Ascombe de que toda acción es tal "con arreglo a una descripción": el pasado, entonces, sería intrínsecamente "indeterminado" (o "virtual") puesto que puede inscribirse siempre en otros tipos de descripción del presente, serie que sigue abierta. Podría decirse que la vida de un personaje (agente o persona) es "vaga" y "singular" a la vez en el sentido de un arte de "descripción indefinida" que puede acoger semejante indeterminación o virtualidad.

[175] PP, págs. 107 y ss. Con la televisión se pierde el mundo que el cine había explorado con sus imágenes-tiempo. Además, el "público virtual" del cine queda sustituido por el más "sociológico" de los *ratings* y, más en general, por un "control del ojo" profesional, enamorado de la información y la comunicación y de nada más. Pero, ¿qué significa entonces hablar todavía del "arte" o del "devenir-arte" de estas nuevas fuerzas? Casi al final

131

ción se libera de la representación, e incluso de las condiciones fenomenológicas, para volverse experimental y diagnóstica. No obstante, las neurociencias suelen incorporar nuevamente al cerebro los esquemas "cognitivistas" para reconocer objetos o los fenomenológicos para "encarnar" los mundos-vida de los cuales, según Deleuze, las "sensaciones" de las obras de arte modernas habían contribuido a liberarnos con su "inconsciente óptico" no formalizado, por ejemplo. Pues al alcanzar el "espacio intensivo" y el "tiempo desarticulado" de una vida, la obra moderna realizaba en los materiales expresivos precisamente eso de la sensación para lo cual no existen aptitudes cognitivas ni *Gestalten* fenomenológicas. A la inversa, cuando la sensación quedó abierta así a la experimentación, el cerebro se transformó en materia de la filosofía y del arte, además de la ciencia. Adquirió un papel "diagnóstico" que las neurociencias pierden cuando vuelven a incorporar en su comprensión del arte y nuestras relaciones con él los viejos esquemas de la representación, la alegoría, el simbolismo y la iconografía. La cuestión de las drogas y el cerebro en la creación artística, por ejemplo, debe vincularse con "sensaciones" o "intensidades", más como señal de un fracaso para producir con ellas un "constructo" que como un modo privilegiado de acceso. Así, según piensa Deleuze, la neurociencia no nos dice en realidad cómo pensar o sentir sino sólo cómo debería ser nuestro cerebro para que pudiéramos pensar y sentir de otra manera.[176]

El problema relativo a la sociedad de la información o la "ciudad-cerebro" que Deleuze deja planteado en sus últimas obras sobre cine corresponde a esta categoría neuroestética. En muchos sentidos, las cuestiones estudiadas por los modernos se referían a los automatismos de tipo "mecánico" y a los estupidizantes espacios "segmentados" que los acompañaban. El problema cambia, sin embargo, en las sociedades actuales de máquinas informáticas. La cuestión de la "disciplina" segmentadora, se transforma en una cuestión de "control", tanto más insidioso cuanto más flexible, más alea-

---

de su carta a Serge Daney, Deleuze insinúa que el optimismo puede consistir en una especie de "viaje" global de nuevo cuño, en el cual uno abandona el discurso y adopta el lema de Proust de que el verdadero soñador es quien se aventura afuera para verificar algo (pág. 110).

[176] Deleuze dice que no podemos estudiar el cerebro para hallar en él nuevas maneras de pensar o nuevas "vías" (*frayages*); por el contrario, la ciencia debe "esforzarse por descubrir lo que podría haber en el cerebro para que uno se lanzara a pensar de una manera o de otra", PP, pág. 239.

132

torio, propagado y "liso".[177] La "capacidad de rendimiento" y la demente competencia para sobrevivir adquiriéndola son un indicio de esta situación. El problema actual no es ya el del "conductismo" que surgió junto con las nuevas ciencias de la disciplina sino el de una cognición o "inteligencia" transformada en objeto de una suerte de darwinismo cognitivo de las aptitudes cerebrales, independiente de la cultura y del escenario local. Deleuze parece preguntarnos: ¿qué nueva *Kunstwollen* podemos todavía inventar para diagnosticar los males de este nuevo cognitivismo informático-aptitudinal y darnos las sensaciones –y el cerebro– que nos permitan respirar de nuevo el aire fresco de la "posibilidad en el sentido estético"?

– 6 –

Las obras de arte están formadas por sensaciones prelingüísticas y presubjetivas que se combinan en un material expresivo por medio de un constructo que tiene un plan anorganizado, con el cual mantenemos relaciones peculiares. Las sensaciones no están para salvarnos o perfeccionarnos (condenarnos o corrompernos) sino para complicar las cosas, para crear sistemas nerviosos más complejos no supeditados ya al efecto debilitante de los clichés, para mostrar y liberar las posibilidades de una vida. Deleuze piensa que esto es verdad incluso para obras aparentemente teológicas como "El entierro del conde de Orgaz", que se atienen al principio de que "Dios existe y por ende todo está permitido".[178] El propio catolicismo de Francis Bacon puede leerse también en términos de su mundo de "sensaciones-carne" [*meat-sensations*] (en lugar de hacerlo al revés), a la manera en que los lamentos de los condenados en la teología barroca de Leibniz pueden verse desde la perspectiva de una coexistencia de diferentes mundos posibles que se aleja de la armonía y la perfección, y por eso también del Dios que elige el mejor de todos los mundos posibles, del cual quedan ellos excluidos, por así decirlo, al "condenarse". Pues en primera instancia nuestra relación con las sensaciones que llamamos arte no está

[177] PP, págs. 240 y ss. Por ese motivo, no debemos creer que las nuevas ideas de "flexibilidad" nos salvarán (a diferencia de la organización "top-down" o descendente); por el contrario, debemos reconocer las nuevas formas de "control" que esas ideas implican, así como otras posibilidades imprevistas.

[178] FB, págs. 13-14.

definida por ningún reino superior ni *eudaimonia* sino por lo que Nietzsche llamó una "salud superior". Es decir, lo opuesto a esa "asfixia" que combaten no es la satisfacción ni la "felicidad" sino la vitalidad y la movilidad que es el único antídoto de la melancolía como afecto correspondiente a una idealización o "esperanza" inalcanzable. Así, las sensaciones conectan el cerebro de otra manera, lo vuelven a vitalizar, liberándonos en cuerpo y mente de la pesantez de las identidades arraigadas y las formas habituales. Al menos eso puede decirse de la "clínica estética" de Deleuze y de su "materialismo", cosa que también la distingue de la piedad idealizadora del arte como "desinterés" kantiano (aun revestido de la *Gelassenheit* heideggeriana), como "sublimación" freudiana (aun reformulada como el espacio vacío de *das Ding*) o como esa extraña faceta espiritualista y sensual de la fenomenología francesa que Deleuze ve proliferar en torno al tema cristiano de "la carne".[179] Pues allí encontramos, en efecto, versiones estéticas de la trascendencia; uno podría decir con Nietzsche versiones de "ideales ascéticos" y de las "pasiones tristes" que los acompañan. Contra esas piedades estéticas, debemos llevar la sensación más allá de la trascendencia, a un terreno en que es cuestión de creencia, ya no en otro mundo, sino en "otras posibilidades" de éste.

Puede decirse que el problema de tal "creencia-en-el-mundo" dentro de las artes fue planteado por William James en su intento de encontrar una "voluntad de creer" como antídoto filosófico a la depresión como afecto cuasi religioso y, más en general, en su intento de inventar un "pragmatismo" en el cual el tema de la experimentación y el azar sustituyeran al de la salvación y el juicio.[180] Pero Deleuze cree que es dable indagar esa cuestión de otro modo, por ejemplo, mediante el intento cinemático de Godard de reemplazar el tema de la creencia en Dios o en la Revolución por una exploración de los "mundos" o los "modos de existencia" que las creencias en la trascendencia suponen.[181] En este aspecto,

[179] QP, pág. 169, nota 17.
[180] CC, págs. 110 y ss.
[181] C2, págs. 222 y ss. Godard habría de explorar los "mundos" de la fe católica y la revolucionaria, con los cuales el cine tuvo desde un principio una relación especial. Más generalmente, en el "empirismo" de Deleuze hallamos un contraste entre la creencia o la fe en la Revolución y el "devenir-revolucionario": precisamente, la índole de la "creencia en el futuro, del futuro" (DR, pág. 122) es lo que cambia y deja de ser cuestión de predicción o profecía para ser asunto de

Godard superaría la apuesta de Pascal. Pues si este último reemplaza la cuestión de la creencia por la de los modos de existencia del creyente y el no creyente, Godard se encuentra entre los que vuelven a apostar por un mundo de azar e indeterminación, en el cual ya no es posible calcular probabilidades, un mundo que –como Deleuze lo dice en las páginas que dedica a la creencia en *Diferencia y repetición*– está "haciéndose" perpetuamente, de modo que ni los cálculos de Dios (ni los nuestros) salen nunca bien del todo.[182] Alcanzar esta creencia o confianza en el mundo, previa a cualquier cálculo divino y, por ende, a cualquier juicio o día del juicio, es lo que Deleuze llama una "conversión empirista".[183] Tal es la creencia o la fe que el cine nos aportó después del "trauma" de la guerra, y de la cual los artistas y pensadores tuvieron que retornar, como de entre los muertos. Deleuze terminó pensando que eso es lo que más necesitábamos con respecto a las cuestiones nuevas que plantea la "sociedad de la información" y su culto de la "comunicación".[184]

En *Diferencia y repetición*, Deleuze intenta elaborar qué supone semejante creencia, sentido de lo que está "por venir" o "síntesis de tiempo" que no se refiere ya a las regularidades del presente ni a la indeterminación del pasado sino a una "creencia del futuro, en el futuro".[185] Dice que los que mejor hablaron de ese "tiempo por venir" y del modo en que difiere de lo eterno y lo transitorio fueron pensadores religiosos como Pascal, Kierkegaard y Péguy. Pero debemos todavía hacer una "conversión empírica" de ese sentido aún religioso del tiempo, transformándolo en una cuestión de sensación y experimentación y, por ende, de "*aisthesis*" y de estética, en

---

diagnóstico de lo desconocido que llama a la puerta, y de experimentación con ello.

[182] DR, pág. 233. Acerca del contraste entre Pascal y Nietzsche, y del papel que desempeñan la probabilidad y el azar en el "juego del pensamiento", véanse DR, págs. 361 y ss.

[183] QP, pág. 72.

[184] QP, pág. 72. Cf. PP, pág. 239: "Carecemos por demás de creencia en el mundo: hemos perdido totalmente al mundo; nos han despojado de él".

[185] DR, págs. 96 y ss. En Hume hay una síntesis del hábito que nos permite inferir a partir del presente el pasado que lo causó, así como el futuro al cual probablemente nos lleve. En Bergson y en Freud descubrimos un segundo tipo de síntesis, en el cual el pasado se hace indeterminado y "virtual", y su naturaleza varía perpetuamente a medida que el presente se inscribe en nuevos tipos de descripción. La tercera síntesis es aquella que hace del futuro la fuente de una repetición compleja o diferenciación libre, en lugar del pasado indeterminado o el presente del hábito.

135

este mundo que aún no es "nuestro" mundo. Pues cuando no existe tal creencia, tal "*aisthesis*", nos encontramos con el nihilismo de Nietzsche, llevado al cine por Orson Welles y a la literatura por Herman Melville:[186] sólo la desesperación nos lleva a decir "falta el pueblo, el pueblo no está ahí". De ahí surge la impresión de que todas las identidades son "falsas" y se suele recaer en algún "mito de un pueblo del pasado" como fuente de una identidad original. En algún sentido, eso es ya el diagnóstico que hace Deleuze del don emponzoñado de la trascendencia que debemos a Platón: cuando se problematiza una doxa y el pensamiento se torna imprescindible, se lo suele enclaustrar nuevamente dentro de los muros de una trascendencia redescubierta, un "plan de organización" anterior y más puro, así como al misticismo que refuta ese plan "teológico" con un Vacío o Ausencia primordial le calza el sayo de lo que Nietzsche dijo del nihilismo: que preferimos creer en la nada antes que no creer. En la situación problematizadora de la cual emerge la filosofía, es necesario por el contrario cambiar la naturaleza misma de la creencia liberándola de semejante Urdoxa; es necesario pensarla, no ya como "conocimiento superior" sino en términos de ese tipo de "creencia en el mundo" que nos brindan las extrañas sensaciones-constructos que llamamos arte y el tipo de salud o vitalidad que implican.

Un lamento se eleva de los escritos de Deleuze a medida que su propio estado físico lo abruma. Ya en los estudios sobre el cine, sospechaba que el tipo de "creencia en el mundo" aportado por el cine después de la Segunda Guerra Mundial no se adaptaba a nuestra situación; que estaba perdiendo "crédito" o "credibilidad". Hay un retroceso del pensamiento hacia la trascendencia reformulada como "comunicación" o "información", de modo que –confrontados a la nueva "estupidez" y "automatismo" de las sociedades de la información, a la violencia de los que están excluidos de ellas y a los nuevos "devenires" que ellos pueden todavía desencadenar– se nos ofrecen filosofías de consenso, a la vez ingenuas y pagadas de sí. Entramos así en un tiempo de pobreza filosófica, como si fuera necesario cruzar el desierto con la filosofía a cuestas para renovarla: necesitamos una nueva Ariadna que se acomode a las sociedades de control, que trabaje en la ciudad-

---

[186] C2, págs. 165 y ss. Quizá se podría incluir dentro de esta misma tradición la "paranoia" de lo que Burroughs denominó "control". Sobre esta visión del nihilismo, véase "Nietzsche" en PI.

cerebro electrónica, capaz de decir "sí" a lo extraño y lo singular de nuestra existencia, que aliente el arte y la voluntad de arte, en fin, un paladar para sensaciones novedosas y para la construcción de sensaciones. Pues no nos falta comunicación (la hay en demasía) sino esa creencia en lo que podemos transformarnos aún, en el tiempo y la lógica peculiares de su efectuación en nosotros y en nuestras mutuas relaciones. Aunque los tontos rían, dijo Deleuze, todo nuestro problema consiste en creer en un mundo que los incluya.

ÍNDICE

Claves

Perfiles

Amiel, Anne: **Hannah Arendt política y acontecimiento**

Balibar, Etienne: **Escritos por Althusser**

Balibar, Etienne: **La filosofía de Marx**

Bodei, Remo: **La chispa y el fuego. Invitación a la filosofía**

Bonnewitz, Patrice: **La sociología de Pierre Bourdieu**

Boullant, Francois: **Michel Foucault y las prisiones**

Colucci, M. y Di Vittorio, P.: **Franco Basaglia**

Galimberti, Fabio: **Wilfred R. Bion**

Galimberti, Katja: **Nietzsche - Una guía**

Goldschmit, Marc: **Jacques Derrida. Una introducción**

Gros, G. y Lévy, C.: **Foucault y la filosofía antigua**

Gros, Frédéric: **Foucault y la locura**

Haber, Stéphane: **Habermas y la Sociología**

Heinich, Nathalie: **Norbert Elias - Historia y cultura en Occidente**

Keck, Frédéric: **Levi-Strauss y el pensamiento salvaje**

Le Blanc, Guillaume: **Canguilhem y las normas**

Lemke, T., Legrand, S., Le Blanc, G., Montang, W., Jessop, B., Giacomelli, M. E.: **Marx y Foucault**

Maffi, Carlos: **Freud y lo simbólico - Crónica de un duelo imposible**

Maier, Corinne: **Casanova o la ley del deseo**

Marrati, Paola: **Gilles Deleuze - Cine y filosofía**

Maury, Liliane: **Piaget y el niño**

Montesperelli, Paolo: **Sociología de la memoria**

Moutot, Gilles: **Adorno. Lenguaje y reificación**

Ogilvie, Bertrand: **Lacan, la formación del concepto de sujeto**

Pinto, L., Sapiro, G., Champagne, P., (Comp.): **Pierre Bordieu. Sociólogo**

Poggi, Gianfranco: **Encuentro con Max Weber**

Poirier, Nicolás: **Castoriadis. El imaginario radical**

Poltier, Hugues: **Claude Lefort. El descubrimiento de lo político**

Rajchman, John: **Deleuze - (Un mapa) - (una guía)**

Steiner, Philippe: **La sociología de Durkheim**

Vandewalle, Bernard: **Kant - Educación y crítica**

Watier, Patrick: **Georg Simmel - Sociólogo**

Wunenburg, J. J. y otros: **Bachelard y la epistemología francesa**

Dominios

Assoun, Paul-Laurent: **El vocabulario de Freud**

Berthelot, J. M.: **La construcción de la sociología**

Bougnoux, Daniel: **Introducción a las ciencias de la comunicación**

Breton, Philippe: **La utopía de la comunicación**

Cichelli-Pugeault, C., Cichelli, V.: **Las teorías sociológicas de la familia**

Filloux, J. Cl.: **Campo pedagógico y psicoanálisis**

Heinich, Nathalie: **La sociología del arte**

Knibiehler, Y.: **Historia de las madres y de la maternidad en occidente**

Le Breton, David: **La sociología del cuerpo**

Maingueneau, Dominique: **Los términos clave del análisis del discurso**

Martin, Oliver: **Sociología de las ciencias**

Miraux, Jean PH.: **La autobiografía - Las escrituras del yo**

Problemas

Accarino, Bruno: **Representación - Léxico de política**

André, J., Green, A., y otros: **Los estados fronterizos, ¿nuevo paradigma para el psicoanálisis?**

André, J. y Otros: **La femineidad de otra manera: Debate psicoanalítico**

Balibar, Etienne: **Derecho de ciudad - Cultura y política en la Democracia**

Barberis, Mauro: **Libertad - Léxico de política**

Bourdieu, Pierre: **Los usos sociales de la ciencia**

Campi, Alessandro: **Nación - Léxico de política**

Candau, Joël: **Antropología de la memoria**

Colombo, Paolo: **Gobierno - Léxico de política**

Comparato, Vittor Ivo: **Utopía - Léxico de política**

Cuche, Denys: **La noción de cultura en las ciencias sociales**

Engel, David: **El holocausto. El tercer Reich y los judíos**

Fistetti, Francesco: **Comunidad - Léxico de política**

Foccroulle, B., Legros, R., Todorov, T.: **El nacimiento del individuo en el arte**

Galeotti, Giulia: **Historia del aborto**

Galli, Carlo: **Espacios políticos - La edad moderna y la edad global - Léxico de política**

Girardet, Raoul: **Mitos y mitologías políticas**

Greblo, Edoardo: **Democracia - Léxico de política**

Greblo, Edoardo: **Globalización, democracia, derechos**

Infelise, Mario: **Libros prohibidos. Una historia de la censura**

Kojeve, Alexandre: **La noción de autoridad**

Laplanche, J., Cotet, P., Rey, J. M. y otros: **Traducir a Freud. La lengua, el estilo, el pensamiento**

Lecercle, J. J.: **Frankenstein: mito y filosofía**

Lecourt, D., Gouyon, P.H., Ferry, L., Ewald, F.: **Las ciencias humanas, ¿son ellas ciencias del hombre?**

Le Rider, J., Plon, M., Raulet, G., Rey-Flaud, H.: **Sobre el malestar en la cultura de Freud**

Maier, Corinne: **Lo obseno**

Maisonneuve, Jean: **Las conductas rituales**

Merleau-Ponty, Maurice: **Elogio de la filosofía. El lenguaje indirecto y las voces del silencio**

Miraux, Jean Ph.: **El personaje en la novela**

Monneyron, Frédéric y Thomas, Jöel: **Mitos y literatura**

Ornaghi, L. y Cotellessa, S.: **Interés - Léxico de política**

Pestre, Dominique: **Ciencia, dinero y política**

Plon, M. y Rey-Flaud, H.: **La pulsión de muerte. Entre psicoanálisis y filosofía**

Poggi, Gianfranco: **Dinero y modernidad**

Portinaro, Pier Paolo: **Estado - Léxico de política**

Preterossi, Geminello: **Autoridad - Léxico de política**

Ricciardi, Maurizio: **Revolución - Léxico de política**

Rosolato, Guy: **El sacrificio - Estudio psicoanalítico**

Scarfone, Dominique: **Las pulsiones**

Sebbag, Georges: **El surrealismo**

Zarka, Yves Ch. (comp.): **Jacques Lacan. Psicoanálisis y política**

Mayor

Colson, Daniel: **Pequeño léxico filosófico del anarquismo**

Dosse, Francois: **La historia - Conceptos y escrituras**

Gauchet, M. y Swain, Gl.: **El verdadero Charcot. Los caminos imprevistos del inconciente**

Rosanvallon, Pierre: **El capitalismo utópico. Historia de las ideas de mercado**

Rossi, Paolo: **El pasado, la memoria, el olvido**

Silvestri, G. y Aliata, F.: **El paisaje como cifra de armonía**

Steiner, Riccardo: **De Viena a Londres y Nueva York - Emigración de psicoanalistas durante el nazismo**

Williams, Raymond: **Palabras Clave. Vocabulario de cultura y sociedad**

Esta edición de 1.000 ejemplares
se terminó de imprimir en julio de 2007
en impresiones Sud América
Andrés Ferreyra 3767/69, Buenos Aires